First published in English under the title
Management Decision-Making in Chinese Enterprises
By Yuan Lu, edition:1
Copyright ©Yuan Lu, 1996
This edition has been translated and published under license from
Springer Nature Limited.
Springer Nature Limited takes no responsibility and shall not be made
liable for the accuracy of the translation.

国家自然科学基金地区项目"制度逻辑、政策话语与草原治理"
（项目号：71462027）

国家自然科学基金面上项目"代际冲突与认知差异对家族企业传承的影响研究"
（项目号：71772068）

中国企业的
管理决策

Management Decision-Making
in Chinese Enterprises

吕　源 / 著　　彭长桂 / 译

社会科学文献出版社
SOCIAL SCIENCES ACADEMIC PRESS (CHINA)

【著者介绍】

吕 源

山东青岛人,现居香港。

英国阿斯顿大学管理学博士(1991年),中欧管理项目(中欧国际商学院前身)工商管理硕士(MBA,1987年),北京工业大学工学学士(1982年)。现任香港中文大学管理学系荣休教授、华南理工大学工商管理学院特聘教授(兼职)和浙江工业大学经贸管理学院特聘教授(兼职)。主要研究领域为公司可持续发展战略、中小企业国际化和组织话语分析。

在 Journal of International Business Studies、Organization Science、Organization Studies、Journal of Management Studies 等著名国际刊物上发表多篇论文,专著代表作有 Management Decision-Making in Chinese Enterprise 和《话语与管理》,曾担任国际期刊 Asia Pacific Journal of Management 的编委。

【译者介绍】

彭长桂

湖南桑植人。

内蒙古大学经济管理学院教授,北京科技大学管理学博士(2013年),主要研究领域为经济社会学、经济思想史和组织话语分析。

主要著作有《话语与管理》和《兄弟并不平等:国有企业部门地位的正当性研究》,译著有《战争经济学》和《中国企业的管理决策》。

中文版自序

拙著《中国企业的管理决策》中译本得以出版，我首先感谢彭长桂博士。彭博士亲自承担了繁重的翻译工作，并且与我多次讨论关键概念和术语的译法。他所做的翻译工作正好与我三十年前撰写此书时的做法逆向而行。在当年写作时，我必须保证以准确的英文表达对应的汉语词汇和概念，包括当时的学术术语、文献和流行语。由于这是一部讲述中国国企改革的学术著作，彭博士力图通过对语言、概念和文献资料的还原最大限度地再现本书原初的研究情景、内容和方法。在诸多挑战中，难度最大的是还原中文文献。由于此书引用了大量中文资料，彭博士在翻译过程中逐一追溯原始资料，力争再现文献原貌。此外，彭博士还需要处理中英文在语法和表达风格等方面的差异，尽量避免译文带有过重的"洋味"。对彭博士的努力和辛劳，我只能籍此机会向他表达诚挚的谢意。

其次，我也衷心感谢本书责任编辑隋嘉滨博士对译稿的精心校对与修订，他还在内容翻译细节上提出了诸多宝贵意见。特别感谢社会科学文献出版社群学分社社长谢蕊芬女士的大力支持。

本书英文版由伦敦麦克米兰公司于1996年付梓，是基于我在英国阿斯顿大学（The University of Aston，Birmingham）

1991 年完成的博士论文——*A Longitudinal Study of Chinese Managerial Behaviour: An Inside View of Decision-Making under the Economic Reform*——精简而成。这本书展现了我博士研究的主要内容和多案例比较的研究方法,细致地描述了自 1985 年至 1988/1989 年期间,在"扩大国有企业自主权"为主要改革政策框架下,北京市 6 家国企在采购、定价、人事招聘、组织变革与投资等 5 个管理决策方面的自主权变化。我也曾计划将此书翻译为中文,或者参照博士论文写一本中文学术著作。但是,出于两个主要原因,我放弃了独自出版中文版的想法。

第一,研究内容已经成为历史。我研究的课题是 20 世纪 90 年代之前的中国国有企业(简称"国企")改革,其主题是沿着"政企分开"与"党政分开"两条主线推进的简政放权的改革措施。然而,时过境迁,自 90 年代中期开始,随着深圳和上海的证券交易所的成立和运行以及经济体制转型,国企改革已经从简政放权转向更深入的所有权和治理结构改革;中国经济的主要特征不再是短缺,反而是很多行业出现产能过剩;国企从竞争性行业撤出,仅仅保留对国计民生和国家发展具有战略意义的少数行业的控制。面对日新月异和快速发展的中国经济改革形势,再谈国企放权的研究成果似乎不合时宜。

第二,我对自己的翻译能力不够自信。我自感中文写作能力不足以达到出版水平,加上博士毕业后忙于找工作,而且又很快参加新的研究课题,我翻译此书的想法就搁置了。

事有凑巧。2008 年,彭长桂博士经他的博士导师高俊山教授推荐,来找我讨论他的博士论文。由于他的研究课题是国企内部组织结构调整,而且研究方法也采取多案例研究,与我当年的博士研究有很多相近之处。因此，我推荐他阅读此书英文版。2010年彭博士在香港中文大学访问期间，向我提出翻译此书的建议，并于2013年夏天完成译文初稿，2015年完成了初稿的校对和修订。当时，由于我尚在汕头大学商学院担任院长职务，陷于烦琐的行政工作，无暇校对译稿。光阴飞逝，转眼就到了2018年，彭博士热心地与社会科学文献出版社接洽，而且完成了版权购买和出版合同等事项。至此，中译本出版正式进入工作日程。恰在此时，我也从汕头大学退休回到香港，终于有时间与彭博士一起完善译稿，使得本书与读者见面。

对我而言，这个中译本具有独特的学术纪念意义。一方面它记录了我早期的学术成果，另一方面也可以让国内读者了解改革开放初期的国企改革历程。为了便于读者理解此书形成的过程，我借此机会对当年的研究背景做一个简要说明，然后谈谈我对中国企业管理研究和管理理论创新的个人思考。

一 中欧MBA和阿斯顿博士项目：我的学习和研究

自1970年代末，中国政府决定实施改革开放政策，对外向世界敞开大门，在经济领域吸引外资；对内则给予国企管理层更多决策自主权。1980年代后期，改革又逐渐从企业层面向所有制变革和完善市场机制等经济体制领域过渡。不管从规模上，还是在改变人类命运的意义上，中国的经济体制改革都堪称人类有史以来少有的伟大变革运动，而国企放权正是触发这场伟大变革运动的扳机。

改革开放也改变了我的人生轨迹。1977年恢复高考后，我有幸考入北京工业大学机械系，并于1982年毕业后被分配到北京市科技协会下属的北京市科技进修学院，从事对科技干部的继续教育和培训工作。两年后的1984年初，我看到由中国国家经委与欧洲管理发展基金会共同主办的"中欧管理项目"（"中欧国际工商学院"前身）发布的MBA学员招生广告。当时我根本不明白MBA的含义，误认为是硕士研究生项目，于是前去报名，并有幸在1984年6月通过笔试和面试两轮筛选后，成为第一期中欧MBA学员，与其他来自北京和无锡的35名学员于同年9月入学。1987年1月，我结束了MBA两年的课程学习，与另外3名同学赴英国卜内门化学公司（Brunner Mond）[①]实习。1987年7月，公司实习结束后，我在位于布鲁塞尔的欧共体总部被授予中欧MBA学位。

早在公司实习之前，我已经报名参加中欧管理项目的博士研究，并得到中欧双方批准。我在1987年7月获得MBA学位后，直接飞赴英国阿斯顿大学，跟随组织行为学著名学者John Child教授攻读管理学博士学位。在选择课题时，Child教授和我都希望研究当时轰轰烈烈的国企改革。我在MBA学习期间的项目学习单位也是北京的一家国企（即案例中的重型电力设备厂），对该企业自1985年之后的变化非常熟悉。此外，在1977年上大学之前，我曾经在一家集体所有制工厂做过两年机修工人。因此，我对企业并不陌生，而且对管理研究课题情有独钟。在阿斯顿大学一年预备课程之

[①] 英国卜内门化学公司于1873年在伦敦成立，于1926年合并更名为帝国化学工业公司（Imperial Chemical Industries Ltd.），是英国最大的化工产品生产企业、世界最大的化工垄断集团之一。卜内门化学公司于1900年在上海成立中国公司，与中国具有极深的历史渊源。因此，其中国公司一直沿用卜内门名称至今。

后，经与 Child 教授讨论，我最终选择研究国企自 1985 年至 1988/1989 年组织决策的变革为博士题目，并以纵向比较的案例研究为主要方法。由此，我不仅成为早期改革的在场者，而且也成为剖析早期国企改革过程的研究者。回想起来，实是幸运至极。

我研究的案例企业为中欧管理项目选定的 6 家北京国企。因此，有必要在此介绍一下中欧管理项目。

中欧管理项目全称为"中国 – 欧洲管理项目"（China-Europe Management Programme），由国家经委与欧洲管理发展基金会合作，于 1983 年在北京成立，其初衷是为中国企业和在华运营的欧洲企业培养高级管理人才。双方决定引进具有欧洲商学特点的 MBA 项目。据笔者所知，这是中国内地首个 MBA 合作办学项目。该项目于 1989 年更名为中欧管理中心（China Europe Management Institute，CEMI），后从北京迁往上海并于 1994 年 11 月更名为中欧国际工商学院（China Europe International Business School，CEIBS）。

中欧 MBA 的教学内容和学制主要参照欧洲模式，其师资由欧洲几家著名商学院的教员兼任，采取全英文教学。我们入校后的第一个学期是英语强化学习，而专业课则从 1985 年 3 月份的春季学期开始，每学年三个学期，每学期两个月，学习三门课，合计 18 门专业课。专业学习在 1986 年 12 月结束。按照项目规划，全体学员由欧洲公司挑选并从 1987 年 1 月至 6 月到对应的欧洲企业进行为期半年的公司实习。

中欧项目在教学方法上很有特点。首任欧方主任 Max Boisot 教授提出了"项目教学"的设想。具体做法是：将 MBA 学员分为若干项目小组，每组 5~6 人，以一家指定的当地企业为样本单位。项目小组成员在每学期课程结束后，深入该企业结合所学课程内容进行为期一周的实地调研，然后向任课教师汇报调研中发现的问题和问题解决方案，并根据教师反馈意见形成项目调研报告，再由任课教师对小组项目调研报告评分并计入小组成员成绩单。

在学习期间，我有幸结识数位来自欧洲大陆和英国等地商学院的教授，包括后来成为我博士导师的 Child 教授。Child 教授时任英国阿斯顿大学商学院院长，并于 1985 年在中欧项目讲授"组织行为学"课程。组织行为学的内容，特别是激励、组织结构设计和组织文化等内容，好像为我打开了一扇扇知识天窗，使我窥测到组织管理学说的魅力，也促使我决心跟随 Child 教授研究中国企业管理。

中欧管理项目的另一个目的是从 MBA 学员中挑选管理教学师资的后备力量。我有幸被选为首批三名师资人选，并获得 Child 教授接受赴阿斯顿大学攻读管理学博士学位，相关资助则由欧洲管理发展基金会负责。

当年英国博士教育体制以师徒制为主。我在阿斯顿大学第一年的学习科目和内容全凭导师决定，而学院只为研究生开设了计算机应用和研究方法论等很少的课程。Child 教授指定了几部经典文献，然后以每一周或者两周一次见面讨论的方式考察我的学习进展。第一个学期我读了大量的组织行为学著作，如西尔特（Richard M. Cyert）、马奇（James G. March）、明茨伯格（Henry Mintzberg）、奥尔森（Johan P. Olsen）、佩蒂格鲁（Andrew Pettigrew）、斯科特（W. Richard Scott）、西蒙（Herbert Simon）、维克（Karl E. Weick）等人的著作，以及社会学、文化人类学和经济学文献，如玛丽·道格拉斯（Mary Douglas）、默顿（Robert K. Merton）、诺斯（Douglas North）、帕森斯（Talcott Parsons）和韦伯（Max Weber）等学者的经典文献。其间，Child 教授给我出了几个题目思考，其中包括"哪些政策和制度对国企放权有促进或者阻碍作用？"，"国企改革对企业组织内部的党政关系产生了哪些影响？"，等等。我比较感兴趣的是政策与制度方面的课题。

我在阿斯顿大学第二学期的阅读重点转向组织决策和研究方法论。决策一直是组织管理研究的核心课题之一，在 1950 年代兴起，在 1970 年代至 1990 年代吸引了众多优秀学者的关注和投入。当时正值中国国企以下放决策权为中心推进经济改革，而海内外对中国企业的决策过程知之甚少。因此，导师和我选择组织决策为研究课题。

在诸多研究管理决策文献中，布拉德福德学派（Bradford Studies）的决策比较研究对我影响最大。该学派的领军人物 David Hickson 教授曾经与 Child 教授在阿斯顿大学共事，属于 70 年代以研究组织结构闻名的阿斯顿学派成员；他俩既是学术伙伴，也是关系密切的好朋友。1986 年，Hickson 教授和他在布拉德福德大学带领的团队出版了 *Top Decisions: Strategic Decision Making in Organizations*。在这部组织决策专著中，Hickson 教授等人报告了他们花费 10 年对 30 家组织发生的 150 个决策案例进行实地考察的研究结果；报告内容中既有在同一样本组织进行纵向跟踪的发现，也有同类决策在不同组织的横向比较结果。然后，Hickson 教授团队将这些组织决策按照问题的复杂性与利益相关方的分歧两个维度加以分类，从而推导出畅流型（Fluid）、散发型（Sporadic）和聚敛型（Constricted）三种决策模式。Hickson 教授的决策研究设计非常符合我的设想。为此，我还专门跑去布拉德福德大学拜访 Hickson 教授，向他请教研究方法和理论构建要点。Hickson 教授平易近人，很详细地为我讲解了其团队开展决策研究的背景，以及研究设计和将研究结果理论化的要点。最终，我与 Child 教授商定，参考布拉德福德学派 *Top Decisions* 的研究模式设计博士课题。3 年后的 1991 年初，我与 Hickson 教授在阿斯顿大学重逢。不过，这一次，他是受邀担任我博士论文的外部评审和答辩考官。Hickson 教授温和而严格，对我的论文提出了 4 点中肯的修改意见。

对我博士研究乃至学术生涯影响比较大的另一位学者是 Max Boisot 教授。Boisot 教授是中欧管理项目创始人，也是中欧管理项目首任欧方主任。他与 Child 教授合作于 1988 年和 1996 年在国际管理学顶级期刊《管理科学季刊》（*Administrative Science Quarterly*）上发表了两篇在管理学界影响很大的、讨论中国经济改革的理论文章。Boisot 教授属于那种有很强理论原创力的学者，每次与他交流都受益匪浅。遗憾的是，Boisot 教授于 2011 年突然因病去世。我专门写了一篇悼念他的文章，发表在中欧国际工商学院院刊上。

博士研究的题目和方向确定之后，导师与我讨论并总结了几个研究问题。在本书导言中，我将这些问题浓缩为 2 个："①什么因素影响国企决策？研究的焦点集中在国企、计划体制与市场之间的关系上；②中国管理对发展现代管理理论究竟意味着什么。"对这两个问题的理解和解答，我在下一节专门讨论。

在研究方法方面，导师与我都倾向于参照 Hickson 团队的布拉德福德学派方法，并根据扎根理论（Glaser and Strauss, 1967）和案例研究的要求加以改造。我们的方案是：在确定的样本组织内选择同类决策，然后比较同一决策过程在改革初期（1984～1985 年）和当下（1988～1989 年）两个时间点的异同。决策类型是根据阿斯顿大学 1960 年代至

1970年代的调查问卷目录初选，再按照 *Top Decisions* 以及我俩在中欧 MBA 项目对样本企业调研的经验和有关国企改革的政策加以筛选。之所以这样做，还有一个便利条件：中欧 MBA 项目提供了 6 家样本企业较为详细的涉及从供应、销售到人力资源、组织变革和投资等领域的调研报告。

此外，对当时的国际管理学界而言，由于中国企业管理领域是一个尚待探索的领域，导师和我认为案例研究的优势在于通过对未知领域的开拓性探索研究揭示现象背后复杂的社会关系。但是，这样做的风险也很大。正如 Bateson（2000）说过的，"直到探索结束，探索者不可能知道探索到什么"。不过，基于导师和我在中欧 MBA 项目期间对样本企业的调查，我俩都抱有强烈预感，相信一定会产生优秀的研究成果。

1988 年 8 月下旬，我从英国回到北京，在中国企业管理中心下属的中欧管理项目担任 MBA 项目中方教务主任，兼任组织行为学教师。同年 9 月，Child 教授也来到中心。他接受欧洲管理发展基金会的任命，接替 Boisot 教授就任中欧管理项目欧方主任职务。他和我既是导师与学生的关系，也是行政上的同事（我的直接上级是中国企业管理中心主任）。

Child 教授和我按照设计好的访谈提纲初稿，首先逐个访问 MBA 项目的 6 家国企。在向管理层介绍我们的研究项目的同时，我们也测试访谈提纲设计是否得当。经过两周左右的预调研，Child 教授与我确定了以"为什么"（Why）、"怎样"（How）和"什么"（What）等形式的开放性问题为主，以核实事实的"何时"（When）、"何地"（Where）和"谁"（Who）等形式的封闭性问题为辅的半结构式调研大纲（参见本书附录的访谈提纲）。

访谈提纲确定后，我们开始正式的案例调研工作。我希望细致地了解每一项决策的来龙去脉，因此调研的形式采取了非常类似人类学的田野调查方法。我在第一周轮流去每一家企业工作一天（俗称"蹲点调查"），集中了解同一类决策的过程。按照访谈提纲，我与不同层面和职能的企业干部谈话，或者阅读文字材料，包括企业自办的简报、报道和其他材料。由于大多数受访者不同意录音，我在访谈时尽量做好笔记，然后在当天晚上再根据回忆，记录自己的口述总结与观察到的一些现象，包括访谈内容以及见到、听到和读到的各种信息。当时仍然实行每周6天工作制，一周6天正好完成一轮访谈。在第二周，我在办公室工作。除了项目的行政事务之外，我整理上一周的笔记和录音，并参照中欧第一期MBA项目各个学习小组的项目报告[①]重构决策情景。此外，我也经常去中国企业管理中心的资料室寻找各种资料，或者与Child教授交换看法。

按照这种第一周轮流访谈、下一周整理资料的工作模式，我度过了半年多的实地考察阶段，基本上摸清了研究设计要求的发生在1984~1985年与1988~1989年两个时间段5个决策领域的60个案例发生的情况、过程和结果，以及受访者对决策变化的看法。然后，我开始按照收集的资料复原或重构确定的决策案例。我仍然经常回访企业，主要目的是补充材料或者与决策参与者核对复原的案例是否符合事实。那个时候，我认识每一家样本企业的中高层干部，听他们讲述在放权过程中遇到的各种问题、挑战以及解决的办法，等

[①] 1986年入学的中欧第二期MBA学员继续实施项目学习模式，除了在第一期指定的6家国企外，又增加了5家新企业为调研样本。

等。我对每一家企业的情况也非常熟悉，几乎可以像述说自己的事情一样复述它们的历史和发展状况以及比较重要的决策事件。

1989年11月底，我回到阿斯顿大学，开始撰写论文。至1990年11月中旬，完成论文初稿，并按照Child教授的意见进行了几轮修改，终于在1991年初正式提交论文。此后，经外部评审和答辩，1991年5月确定终稿，并于同年顺利获得博士学位。

历时4年的博士学习，尤其是1988~1989年期间在北京的实地调研，使我不仅对国企有了深刻了解，更重要的是，学会了以学者视角观察与分析社会现象，在观察和分析中保持自身独立、中立、客观和批判性的立场。在学术成果方面，Child教授和我合作发表了两篇有关中国国企改革的文章（Child & Lu，1990；Child & Lu，1996）。此外，Child教授在1994年所出版专著 *Management in China during the Age of Reform* 的第6章也主要参考我的博士论文。

取得博士学位后，我随即去兰卡斯特大学（Lancaster University）管理学院做研究助理，在Mark Easterby-Smith教授领导下与北京科技大学管理学院的陈志诚与高俊山等教授合作，研究中英企业的组织决策。1993年底，我去了剑桥大学贾治管理研究所（Judge Institute of Management Studies，即贾治商学院前身），接受罗斯曼斯基金提供的研究员位置，参加Child教授主持的中外合资企业研究。在剑桥工作时期，我结识了Peter Nolan教授。Nolan教授是研究中国经济的知名学者。他不仅招收了一批来自国内的研究生，而且还与中国著名经济学家董辅礽教授合作主编《中国经济研究丛书》。Nolan教授听了我的博士研究结果后，建议我将论文精简出版，纳入该丛书。我担心放权的题目已经不是中国经济改革的热点课题。他说，我们需要知道历史。在 Nolan 教授的鼓励下，经过数月努力，我以 Management Decision-Making in Chinese Enterprises 为题完成本书初稿。在写作期间，很多朋友向我施以援手。尤其是白霞女士（Ms. Patricia Wilson）对全书英文进行编辑润色。我在此向各位朋友一并表示感谢。

二　国企管理研究的个人思考

我在本书的导言部分提出了两个研究问题："①什么因素影响国企决策？研究的焦点集中在国企、计划体制与市场之间的关系上；②中国管理对发展现代管理理论究竟意味着什么？"

要回答第一个问题，我们首先要问：为什么要放权？传统的组织理论将"放权"定义为将在组织科层中位于较高层级的决策权下放给较低层级。"决策权"指：使一项决策获得批准的最终权力。没有最终的批准权，决策只是设想、建议或者纸上谈兵，不产生实际效果。由于决策议题的提出者或者决策设想的建议者往往与批准决策的单位（或个人）不是同一群体或个体，决策从议题提出到最终被批准之间的过程中有很多审批环节，并有各方（尤其是体制内单位）参与。因此，组织决策过程随决策内容而异。决策内容重复性较高，或者涉及资源较少，或者不太牵扯很多利益群体的决策，其决策过程也相对简单或者按部就班走程序；一旦决策对社会或者利益相关者产生重大影响，参与的单位增加而且参与者有各自的利益诉求，决策过程就变得复杂、漫长。至于哪些决策权可以下放，哪些必须集中，则不仅由决策内容决定，而且与外界环境变化密切相关。内容简单或者重复性高的决策，一般依照规则和程序，可以下放；当市场需求快速变化时，决策权也下放到一线，因为直接面对市场的基层单位最了解实际情况而且决策权集中会导致决策过程效率低下。对西方企业而言，虽然重大决策也会有外部单位参与甚至需要取得外部单位审批，决策权基本上在组织内。因此，放权或者集权属于组织内部结构调整，而放权的目的是提高决策效率，从而改进组织绩效。

当"放权"作为1980年代初的中国国企改革措施推出时，其初衷也是期望通过将决策权（以及责任）下放给企业管理层来提高决策效率，进而改善国企经营绩效。但是，国企放权与前面讨论的西方企业放权在背景上存在很大差异：国企的决策权源于外部制度（主要是计划体制的控制以及市场缺失）规定。因此，在本书导言介绍的"决策种类"、"决策过程"和"决策情境"的理论模型中，我将涉及国企决策的外部因素，如计划体制等，归入"决策情境"中。为了使读者了解放权的背景，本书第一章和第二章细致地描述了国企放权的历史变化和80年代初改革与之前的不同之处。此后每一章也对相关决策类型的背景做了大致介绍。

在80年代改革初期，政策制定者反思历史，意识到之前将决策权下放给地方政府的做法并不能提高企业绩效，原因在于政府的立场、出发点和利益诉求与企业不同，并且存在着政府行政程序长、决策效率低或官僚主义等弊病。因此，真正的放权应该完全由企业根据供需状况自主决策，而"放权"不是将决策权从中央政府下放到地方政府。

当时有国内学者，很形象地将计划体制（实际上就是政府）与国企的关系比作"婆媳"关系。依照这个比喻，将决策权从中央下放到地方政府对国企而言无非是"换了个婆婆"而已，并不是由作为"媳妇"的国企做决策。因此，80年代的国企放权直接将决策权下放到企业，由"媳妇"当家做主。

但是，改革初期的政策制定者显然将放权的过程看得过于简单了。"放权提高绩效"是一个命题假设。在一个较为完善的市场体制内，放权属于组织内结构调整，这一命题也许成立。从系统论的角度解释，市场经济体制的特点是系统内各单位之间松散耦合。作为完全独立的决策者，企业根据对市场需求和消费者偏好的理解以及价格信号组织产品生产和定价；同时，企业决策者也要承担决策偏差或者错误导致的风险。因此，在以市场为导向的经济体制中，企业决策权的集中与下放一般属于董事会和经营管理层之间的安排，放权是组织内部的结构调整。虽然有些决策，如重大投资、收购兼并等，由于对利益相关方影响较大，仍然需要获得外部制度单位（如政府监管部门）的批准，但是在外部规则较为公开和透明的环境下，外部制度因素只是作为决策参照框架，而决策权仍然在组织内部（如董事会）。

当"放权"应用到国企时，问题变得非常复杂。改革开放初期，中国国内并没有形成有效和完善的市场机制，企业也不是独立自主的经济组织。这两个现实问题又紧密联系在一起。改革前的计划经济体制是一个各部分（包括计划部门、行政管理部门与作为生产单位的工厂）紧密耦合的系统，体制内任何单位的运行都需要或者依赖系统其他单位的配合。反过来，体制内各个单位的变化又会对系统的运行产生影响。但是，从资源投入到产出的系统看，系统的终端是消费者，而消费者的需求偏好是变化不定、动态和开放的。

在国企改革的过程中，人们逐渐意识到，不管多么严密或者详细的国家计划，仍然难以预测或者控制处于系统终端的消费者偏好。计划体制的解决方法是自上而下地通过控制供给或者行业垄断来限制终端消费者的选择，其结果必然导致短缺经济。并且，由于存在"预算软约束"，国企绩效很难得到改善。匈牙利经济学家科尔奈对此有精辟分析。

随着放权试点的推进，人们逐步意识到，在缺乏有效和完善的市场机制而且计划体制仍然牢牢控制资源分配和行政干预的情况下，简政放权的效果必然大打折扣。真正的放权意味着企业必须参照市场需求和价格决定生产什么以及如何生产。但是，市场在哪里呢？改革开放前，大概只有农村集市的原生态市场存在，以合同约束和价格决定需求的消费市场、工业品市场以及更加复杂的生产要素市场几乎空缺。

这样一来，通过放权提升国企绩效的前置条件是在创造较为有效的市场机制的同时改革计划经济体制，从而形成有利于企业独立决策的外部环境。换句话说，要实现国企放权的目标，就必须推动经济体制改革。在国企放权初期，经济学家也讨论过市场机制对企业决策的重要性。有关计划与市场能否整合形成互补均衡的经济体制，在经济学界有很多理论探索，包括自上世纪二三十年代就有不少经济学家提出各种模型或理论，本文不再赘述。

不过，我想藉此机会说明，大多数经济学讨论和倡导的经济体制改革很少从企业组织和管理者的角度出发。比如，如果没有足够的管理人才和知识储备，企业如何做出符合国家、社会和股东利益的决策？在博士研究期间，我曾经读过一篇关于放权的报道，一位国企厂长的话给我留下了深刻印象。他说，没有决策权的时候天天嚷着放权；一旦上级真的把决策权交给他，他又产生了对市场的恐惧，因为不知道该如何决策。

缺乏合格的管理人才是上世纪 80 年代初期经济改革面临的重大问题之一。当时，中国的大学尚未成立商学院。仅有少数大学成立了以企业管理为专业的学科，大概仅仅局限于生产管理、物资管理或者劳动人事管理。比如清华大学 1984 年才成立经济管理学院。当时，人们仍然将企业管理作为经济学的附属分支学科。我在 1984 年报考中欧 MBA 项目准备笔试时，只找到中国人民大学 1980 年出版的《社会主义工业企业管理》和当时刚刚出版的《厂长必读》两本参考资料。

缺少市场意识，或者对市场机制运行的肤浅理解，也使很多人（包括经济学者和工厂厂长或国企管理干部）简单地认为，国企之所以竞争不过民营企业和乡镇企业的主要原因是物质激励强度不够，从而将国企效率低的原因归结为企业缺少人事聘任（解聘）权和奖惩权。1980 年代在企业之间最流行的口号是"责权利相结合"。这个口号背后的假设为，一旦厂长经理具有真正意义上的责任、权力和利益（激励），则国企绩效自然提高。在"没有激励就没有绩效"的逻辑下，我们就很容易理解 80 年代中后期和 90 年代初期各种试行的承包制或者利润包干制等改革措施。由于工业生产的复杂性与市场需求的动态性，承包制不可避免地加剧了企业与上级单位之间的讨价还价行为，因为每一方都希望签订一个保障自己（或者自己所代表的利益方）利益最大化而相应责任最小的协议。因此，承包制在农村取得巨大成绩，但是在国企试行的结果却很不理想，难以为继。

以上种种观点都低估了国企简政放权与整个计划体制之

间的关系，而且也低估了建立市场机制的复杂性和艰巨性。我博士论文的研究视角是从体制角度考察国家工业治理结构对企业决策的影响。如本书第二章图 2 - 1 显示，国企的管理控制是由两条制度主线形成的复杂的矩阵型治理结构：矩阵的一条轴线是由中央部委到地方厅局再到地区市县的垂直行政管理体系，俗称"条条"；而另一条则由地方形成的横向治理体系，俗称"块块"——国企按照属地原则由所属地政府作为治理主体的领域，如党委、团委和工会等单位。矩阵体制保障了下级组织的内部单元（如科室或者部门）与"条条"的行政权威部门和"块块"的地方治理部门在结构和功能上保持一致性，从而形成"对口管理"体制。例如，国家有计划生育委员会，地方上也设有计划生育委员会，而国企内部也设置计划生育办公室，以此形成"条条"与"块块"两个方向的对口管理结构。对口管理的特点是保证了上情下达，使上级单位有权直接对下级单位发布命令、指令和设定规则等。

由于矩阵式体制是社会层面的治理结构，而国企是嵌入矩阵之中的，简政放权必然要求体制改革。80 年代流行的一句口号是"给企业松绑"，仿佛只要解除外部约束企业就会自然而然实现提高绩效的预期目的。实际上，在缺乏其他外部监管规制的情况下，简单的行政"松绑"意味着企业失去外部约束、各行其是，结果出现混乱。在没有更好的监管约束机制时，只能由上级单位收回决策权，重回计划调控的老路，又产生了企业活力不足的老问题。由此产生了"一抓就死，一死就叫，一叫就放，一放就乱"的怪圈。

因此，"松绑"不能以激进方式简单地取消现有社会治理的外部约束，而是应该寻找更合理、更有效率以及更有利于从个体到组织到全社会发展的治理结构。中国的经济体制改革明智地选择了渐进式道路，不断尝试和探索增加新的制度结构和要素，逐渐替换原有体制或者转换原有体制的功能与角色。例如，随着经济活动复杂性增加，在减少垂直行政部门"条条"对企业的行政干预的同时，增设职能体制单位，从而将质量监督、外汇管理、价格管理等制度层面的规范功能转移到职能治理结构去。这意味着，对旧问题的解决方案势必引发新问题，甚至出现新旧问题交织的复杂局面。因此，改革是一个前进与停顿，跃进与整顿，探索、试错与总结反思、再推进的曲折反复过程。但是其优势也很明显，以较低的社会成本逐步推进全社会变革。

在从紧密耦合的计划体制单位向松散耦合的市场机制的转型过程中，国企决策的独立或半独立转变，不仅需要减少计划性指令，而且需要创造适合企业决策的外部条件。Child 教授曾经详细地对比了科层结构和市场机制两种制度对企业决策的影响，并指出：对企业管理层而言，中国传统的、以中央计划为特点的经济体制直接对生产单位（工厂）下达任务命令，因此只有规范制度环境与任务环境两个情景层级；而在以市场为基础的经济体制中，实际上有制度环境、战略环境和任务环境三个情景层级（Child，1993）。美国战略学者 Jay Barney（1986）也指出战略资源配置对战略决策和行动的重要性。战略环境不仅指产品市场，而且也包括涉及生产要素分配的交易体制，如证券市场、金融融资体制，以及各种产权交易机制。例如，没有人才市场的建立，企业人事的自主招聘就是一句空话。同样，如果没有适当的融资体制，企业即便制定了战略投资决策，也无法执行。因此，国企改革不仅是组织层面的改革，而且是巨大的制度改革和制度创新工程,绝对不是简单地平衡"责、权、利"或者给予国企更多的物质激励就能实现的。

"周邦虽旧,其命维新"。回看改革开放四十年走过的路程,我们从内心赞叹中国取得的巨大成就。当初选择国企放权作为改革切入口,既有历史原因,也显示出"探索—总结—反思—再探索—再总结—再反思"的中国实践特色。今天的中国已经建立了相当完备的、从产品到要素的市场交换体制,从而保证企业在一个基本有效的战略环境中运行。国家对国企的治理模式也早已不再是二三十年前的那个结构,而且国企改革依然还在深化。国企仍然在国民经济战略行业中扮演重要角色,并在与非国有企业的竞争中取得长足进步,对中国乃至全世界经济发挥举足轻重的影响。例如,不少大型国企的管理团队聚集了优秀的海内外人才。著名大型国企集团的改革,如招商局、华润集团,已经成为企业战略管理的典范。

三　中国企业管理研究与管理理论创新

在博士第一年,导师 Child 教授就指出,博士与硕士的区别在于后者只需要对某一现象或者理论有较为深刻的了解,而前者必须对理论发展有所贡献。为此,我在博士论文第 12 章提出了两个密切相关的核心问题:"中国企业管理是否是一种特有现象?"和"本研究对组织理论具有何种意义?"在撰写此书时,我将这两个问题合并简化为导言的第二个问题——"中国管理研究对发展管理理论有何意义?"这涉及中国管理研究的理论贡献问题。

对于这个问题,本书并未给出清晰的答案,只是在结论部分指出了中国文化在管理决策中的重要作用。这也许令读者多少有些失望。迄今，我也很难说找到了对这个问题的确切答案。我在这里仅为读者提供一些思考的线索。实际上，众多研究中国管理的学者和我一样都在以毕生精力为这个问题寻找答案。

当年抵达阿斯顿大学后，我向研究生项目负责人 Huge Willmott 教授报到。他了解我的研究意向之后问：既然你想研究中国企业，为什么来阿斯顿大学？我回答：因为我想学习科学研究方法。他又问：那又怎么样（So what）？我想他的意思是"你就是学会了科学研究方法又怎么样？"我一时答不出来，但是感觉他不太相信什么"科学研究方法"。随即，他问道：中国有那么悠久的历史，那么厚重的文化，阿斯顿大学能给你什么呢？你干嘛不去井冈山或者延安学习？我当时能够感觉到他对我跑来阿斯顿大学求取"科学研究真经"的虔诚抱有一种不以为然的态度。不过，虽然我当时不同意 Willmott 教授的观点，仍然坚信只有科学研究才是"真正的学术研究"，他的反问倒是深深印在我脑海里。

后来我了解到，Willmott 教授的研究领域是管理学中的批判学派，属于后现代主义。博士毕业后，我去了管理学批判学派大本营兰卡斯特大学管理学院，才真正理解 Willmott 反问的含意。直到今天，Willmott 教授那认真又略带严厉的眼神仍然历历在目。

我体会"那又怎么样？"的问题有两个指向。首先，我所做的研究是否对事实提供比其他理论更完美的解释；其次，我所做的研究能否应用于社会实践。惭愧的是，迄今为止，我自觉在这两个方面仍然无法交出令人满意的答卷。

在博士研究期间，我一直试图找到为中国管理实践提供强大解释力的理论。开始博士学习时，我试着从文化人类学视角寻求理论框架。1970年代至1990年代，日本企业的成功和"亚洲四小龙"的经济腾飞，推动众多学者从比较文化入手研究企业管理。我原本也试图通过文化的角度界定中国企业管理的特殊性。不过，我一直没有放弃寻找更好的理论框架，比如资源依赖观或者社会学的权力理论等。

在1990年10月下旬的一次研讨会上，我有幸与当时在圣安德鲁大学（University of St. Andrews）任职的Steward Clegg教授交流。Clegg教授1971年毕业于阿斯顿大学，是Child教授的好友，而且曾任国际知名学术刊物《组织研究》（*Organization Studies*）主编，其主要研究领域是组织管理中的权力问题。他听我介绍了决策案例调研之后，建议我从制度理论入手构建理论框架。我的博士论文引用了迪马吉奥（Paul DiMaggio）1988年收入Lynne Zucker所主编的 *Institutional Patterns and Organizations: Culture and Environment* 一书中的文献。相比文化理论，制度理论从管制、规范和文化－认知三个层次提出了更为全面、更为强有力的解释框架。虽然我在写作本书时，力图保持博士论文的原初文本，并未录入迪马吉奥的文献。实际上，由Walter Powell和Paul DiMaggio于1991年主编出版的《组织分析的新制度主义》已经成为我此后做研究最重要的理论分析框架。

如果沿着制度理论的视角思考，我们不难发现，作为国企改革滥觞的简政放权实质上属于工具性制度层面的措施，而国企的宪制合法性则源于其全民所有制的组织性质。过去四十年来从下放决策权到现代企业治理结构建设的绝大部分国企改革，始终试图在保持国企宪制合法性的前提下改善和提高国企的绩效。可以预期，今后，国企改革仍然是中国企业管理研究的主要对象。

从现有管理学知识库中寻找对中国管理现象解释力更强的理论仅仅是实现基于中国企业管理研究推动理论发展目标的第一步。当以某种理论为坐标时,我们的思路与视野已经被该理论锁定,因此很难突破该理论的局限性;至多不过是对原有理论的补充或者修正。管理学的理论发展不仅需要研究者具有宏大理论的格局,而且还需要考虑到管理学作为专业学科发展的中程理论特点,以及对管理学理论在指导实践与应用方面的具体要求。过去三十多年在中国发生的经济体制改革为管理学者提供了珍贵的历史机遇和研究情景。我们有条件,更有责任,推动管理理论的发展。

这里,笔者分享两点初步思考,抛砖引玉,供读者或者管理学同仁参考。

首先,开拓多种知识构建的局面,建立与经验实证主义平行的理论发展路径。毫无疑问,经验实证主义是当今管理学研究的主流,其基本指导思想是将管理学视为可确证的科学知识,将管理学视作反映普遍规律的客观"真理"。但是,正如哈耶克早在1945年就指出的,科学知识并非全部人类知识的总和(Hayek,1945)。显然,作为社会科学分支的管理学与纯粹的自然科学有明显的差别,而且更加偏向人文学科并对理论的应用性提出很高的要求。但是,数十年来,社会科学和人文学科也呈现显著的自然科学化倾向。我们纵观人类社会的发展历史,不难看出,作为专业学科的管理学从建立至今不到百年,而即便是有文字记载的人类历史也已有几千年。管理活动,是由人参与、在一定历史境域下发生的、与人类生存与发展息息相关的社会实践。面对中国四十年来的改革开放历程,以及中国工商企业发展和社会行政管治的悠久历史，我们有必要开拓多种知识构建的渠道，去建立更加丰富的理论格局。

其次，作为起源于综合性学科的管理学，跨学科的交叉互动也许能为构建和发展理论打开新的想象空间和研究方法取向，使我们从不同视角认识中国管理的特点进而加深对管理本质的理解。管理实践本身涉及人与人、人对物的各种活动，而目前管理学理论或者组织理论的主要来源是经济学、社会学、人类学和心理学。作为实践性极强的管理学，引入更多跨学科的理论与分析方法有助于我们从不同的剖面揭示管理的本质；同时，也有助于提高管理学的实践性。彭博士和我近十年来将话语分析纳入中国管理研究领域即属于跨学科的尝试。在此，我也呼吁读者和管理学同仁积极引入跨学科的理论和研究方法，使管理学研究内容与方法更加丰富广阔。

吕源

2019 年 4 月 8 日

香港新界，吐露港

参考文献

Bateson, Gregory. 2000. *Steps to an Ecology of Mind*. Chicago: Chicago University Press.

Barney, Jay. 1986. Strategic Factor Markets: Expectations, Luck and Business Strategy. *Management Science*, 21 (10): 656 – 665.

Boisot, Max H. & John Child. 1988 The Iron Law of Fiefs Bureaucratic Failure and the Problem of Governance in the Chinese Economic Reforms. *Administrative Science Quarterly*, 33 (4): 507 – 527.

Child, John. 1993. Society and Enterprise between Hierarchy and Market. In John Child, Michel Crozier, & Renate Mayntz (editors), *Social Change between Market and Organization*, pp. 303 – 226. Aldershot: Avebury.

Child, John & Paul Bate. 1987. *Organization of Innovation: East-West Perspectives*. Berlin: Walter.

Child, John & Yuan Lu. 1990. Industrial Decision-Making under China's Reform, 1985 – 1988. *Organization Studies*, 11 (3): 321 – 351.

Child, John & Yuan Lu. 1996. Institutional Constraints on Economic Reform: The Case of Investment Decisions in China. *Organization Science*, 7 (1): 60 – 77.

DiMaggio, Paul. 1988. Interest and Agency in Institutional Theory. In Lynne Zucker (Eds) *Institutional Patterns and Organizations: Culture and Environment*, pp. 3 – 21. Cambridge: Ballinger Press.

Glaser, G. & Anselm L. Strauss. 1967. *The discovery of Grounded Theory: Strategies for Qualitative Research*. London: Aldine Transaction Press.

Hickson, David, R. Butler, D. Gray, G. Mallory & D. Wilson. 1986. *Top Decisions: Strategic Decision Making in Organizations*. Oxford: Basil Blackwell.

von Hayek, Friedrich August. 1945. The Use of Knowledge in Society. *The American Economic Review*, 35 (4): 519 – 530.

Powell, Walter & Paul DiMaggio. 1991. *The New Institutionalism in Organizational Analysis*. Chicago: The University of Chicago Press. （此书的中译本《组织分析的新制度主义》已于2008年由上海人民出版社出版）

英文版序（1996年）

吕源博士的著作是把西方经典决策理论与现场经验数据进行有效整合来论述中国管理的少数著作之一。我十多年前在北京认识作者，那时他先后为中欧国际工商学院的MBA学员和中方教务主任，还是中欧MBA项目中国工业企业现场研究的负责人。那是一段令人激动的岁月，在隔断数十年后，中国重新引进诞生于西方的管理理念。在中欧国际工商学院，吕源博士主要与Max Boisot教授和John Child教授一起工作，他是接洽北京地区中国企业和管理人员的关键人物。

参加这个项目的老师和MBA学员，作为中欧国际工商学院的"田野调查者"和所调查企业的顾问，在进行实地调查时通过经验的集体分享而获益。在这个不确定的企业改革时期，企业也能从调研的有用反馈中获益。

本书是作者多年分析和思考的结果。它初始于中欧国际工商学院，然后在英国阿斯顿大学（作者在这里完成自己的管理学博士论文）继续，之后在剑桥大学贾治管理研究所做研究员的工作中进一步深入和修订。

本书所呈现的研究发现是现有对中国国有企业①管理决策最为翔实的描述之一。它覆盖了中欧国际工商学院选中和关注的6家企业，考察它们在1985~1989年这个中国经济改革启动的关键时期里在投资、人事等领域的战略决策。

作者追随经典决策理论的创立学者，采用"战略"方法并尝试连接决策活动与决策结果。本书应用的方法论跟许多西方国家的同类案例研究一样先进。在本书的八章中，作者不仅非常详细地说明了什么是一般的管理决策，而且论述了什么是中国特有的管理决策。他很有见识地覆盖了管理维度和政治维度，特别是所研究的国有企业被政府政策深深影响。

国有工业企业产值在中国工业产值中的比例从1980年的78%急速下降到1994年的43%，但是很大程度上这是非国有经济发展的结果。即使这样，国有企业雇用的人数依然超过一亿人，从而为很多人提供了"铁饭碗"，虽然这个饭碗正在被最近的改革浪潮所侵蚀。人浮于事仍然很普遍，这些企业里投入了大量的固定成本和人员成本。

由于国有企业主要集中在战略性工业领域，中国的国有

---

① 此处原文为State-Owned Enterprises（SOEs）。但是，在本书主要调查的1980年代（1985~1989年）还没有国有企业的说法。当时，一般称为国营企业，根据1982年的中华人民共和国宪法，正式名称为全民所有制企业。同时，本书正文中使用的基本都是State Enterprises（国营企业）。然而，在本书英文版1996年出版时，中国的经济改革已经发生了很大变化，尤其是1992年开始建立市场经济以及1994年建设现代企业制度，对全民所有制企业的称呼已经更换为国有企业。这种称谓的变化在官方媒体上有集中体现：在1992年9月之前，称为"国营企业"；1992年10月12~18日中共十四大召开，开始建立社会主义市场经济后，一般称为"国有企业"。对此，《人民日报》1992年9月14日第5版还专门发表了一篇理论文章《要区别国营企业和国有企业》。这篇文章之后，《人民日报》所有国企报道仅有一篇标题里使用了"国营企业"。为方便阅读，也为了符合本书内容反映的时代特点，本书正文部分一律翻译为国营企业，其余部分均为国有企业。——译者注

企业仍然是关键的经济杠杆（虽然其作用比过去小了很多）。即使根据官方估计，也有超过三分之一的国有企业遭受了巨大的损失，因此这类企业的改革对于邓小平1980年代初启动的改革过程的完成非常关键。这个改革仍然在进行，也许会出现一个有"中国特色"的"公司化"形式，而不是"私有化"。

　　作者已经完成了中国企业管理研究的最好分析之一，它说明了改革如何启动、目前的改革方向是什么，以及国有企业的管理将要演变成什么样子。因此，我有充分的信心把这本书推荐给中国管理的研究者、老师和学生，他们将会学习到很多大家关心的战略决策的过去、现在和未来，并且将会对中国管理理论和行为获得很多有价值的洞见。我相信，不用多久，这个研究也许会被当作一种典范，比肩于由Child、Granick、Schurmann、Walder等著名西方管理学者开展的中国国有企业的主流研究。

　　因为中国被看作21世纪有抱负的"超级经济大国"，对于那些已经致力于经济和管理研究的人来说，将从以下方面获得见识：中国管理人员在最新历史中承继的遗产；新一代管理人员如何从过去企业体制的约束中吸取教训，创造一套新的基准原则来利用邓小平改革运动所激发并行之有效的"儒家动力"，这种儒家动力一直支撑着1980年代后期和1990年代初令人印象深刻的经济增长。

Malcolm Warner
剑桥大学贾治管理研究所资深教授

致　谢

我非常感谢欧洲管理发展基金（EFMD）和 Rothmans 研究协会提供的资金支持。我也受惠于本书调研企业的所有管理者，他们愿意花时间帮助我完成案例研究。我特别感谢我的导师 John Child 教授。我感谢中欧国际工商学院和中国企业管理协会，感谢许多提供了帮助的人：David Hickson、Max Bosit、Stewart Clegg、Henry Tosi、Malcolm Warner、Robert Ackroyd、Derek Hugh、Mark E. Smith、Peter Nolan、Ginger Chi 和 David Lake。我感谢 Patricia Wilson，她阅读了本书初稿并提出了一些很有帮助的建议。最后，我感谢我的妻子和儿子，感谢他们持久的鼓励和支持。

目 录

导　言 ……………………………………………………… 001

第一章　中国的工业治理与企业管理（1949～1984年） … 006
　　一　中国的社会主义：制度结构与工业治理 ………… 006
　　二　1979年改革前的国营企业放权增效尝试 ………… 011
　　三　中国文化及其对管理的影响 ……………………… 013
　　四　1979～1983年的经济改革启动和试验活动：
　　　　试点中的放权 ………………………………………… 016

第二章　经济改革：放权（1984～1988年） ……………… 019
　　一　1984年后城市里的放权与改革 …………………… 019
　　二　1984年至1988年的工业治理 ……………………… 028
　　三　北京地区的企业改革 ……………………………… 031
　　四　6家案例企业 ……………………………………… 033
　　五　6家企业的管理制度 ……………………………… 039

第三章　采购决策：原材料 ……………………………… 042
　　一　原材料采购的经济背景 …………………………… 042
　　二　1985～1988年6家企业计划指标变化以及采购
　　　　决策 …………………………………………………… 047

三　1985 年的决策过程 …………………………… 050
　　四　1988~1989 年的采购决策 ………………… 052
　　五　讨论和小结 …………………………………… 057

第四章　定价决策：经济动机和社会约束 ……… 059
　　一　不完全的市场改革和价格双轨制 …………… 059
　　二　1985 年和 1988 年 6 家企业的定价决策 … 064
　　三　国家控制下的价格 …………………………… 070
　　四　市场操作 ……………………………………… 074
　　五　降价：企业对市场竞争的反应 ……………… 076
　　六　讨论和小结 …………………………………… 078

第五章　招聘决策 …………………………………… 080
　　一　国营企业中的用人系统以及 1984 年以来的
　　　　劳动改革 ……………………………………… 080
　　二　6 家企业的劳动管理 ………………………… 084
　　三　1985 年和 1988 年的招聘决策 …………… 085
　　四　走向人力资源管理：汽车厂的招聘 ………… 091
　　五　作为猎头过程的招聘：寻找优秀的熟练员工 … 095
　　六　讨论和小结 …………………………………… 098

第六章　组织变革：行政班子与党委的关系 ……… 100
　　一　应对环境变化的组织变革和国营企业的矩阵
　　　　结构 …………………………………………… 100
　　二　1984 年至 1986 年的组织变革：厂长权威的
　　　　建立 …………………………………………… 103
　　三　1987 年至 1988 年政府干预的组织变革 … 109
　　四　组织变革的进展和问题 ……………………… 118

五　讨论和小结 …………………………………………… 125

第七章　投资决策：产品和生产创新 …………………… 126
　　一　作为战略决策的投资 ………………………………… 126
　　二　两个阶段的 12 个决策投资 ………………………… 130
　　三　对计划部门的依赖 …………………………………… 140
　　四　大规模投资项目：汽车厂的案例研究 …………… 143
　　五　新产品开发：企业自主权的增加 ………………… 148
　　六　讨论和小结 …………………………………………… 149

第八章　总结、后续跟踪调查和结论 …………………… 152
　　一　研究发现的总结 ……………………………………… 152
　　二　1990 年代初期的国营企业改革 …………………… 156
　　三　1993 年 6 家企业的情况 …………………………… 158
　　四　结论 …………………………………………………… 166

附录　访谈提纲 ………………………………………………… 171

参考文献 ………………………………………………………… 173

译后记 …………………………………………………………… 190

导　言

　　本书旨在探讨1985年至1989年的中国企业管理决策。在这期间，政府放权是国营企业改革的关键。这个放权活动的一个中心目标是把决策从政府部门下放到企业行政班子。下面的各章考察放权对管理行为的影响，更重要的是，展示企业与其环境之间的复杂关系。本研究记录和比较了北京6家国营企业的行业变迁，并提供对这些企业内部决策过程的认识。

　　选择这个题目有三方面理由。

　　首先，决策研究已经成为讨论得最多的话题之一，学者们已经发展了一些组织内部决策过程的概念模型。注意力已经转向组织与环境之间的关系。实际上，组织决策理论正是组织回应其运营环境的理论。然而，大多数研究都是在实行市场经济的工业化国家完成的。较少有显示中国的管理决策是如何进行的经验研究——中国坚定地实行社会主义经济，并不同于大多数西方国家——比如政府和企业干部的角色、共产党在社会和文化中的领导地位。本书的目标在于通过把西方管理理论应用于中国企业决策来弥补这个遗漏。

　　本书尝试回答两个问题。①什么因素影响国企决策？研究的焦点集中在国营企业、计划体制与市场之间的关系上。②中国管理对发展现代管理理论究竟意味着什么？

　　围绕1985～1989年6家企业相似决策的比较研究，本书尝试纵向考察同一类决策是否在每家企业遵循相似的过程，并且什么因素决定这些决策与过程之间的关系。此外，本书尝试横向比较不同组织处理同一类问题时的决策过程是否相似，比如采购或者组织变革。本书对所有这些问题进行了系统考察。

其次，本书尝试考察与1985～1989年国营企业改革相关进展和问题。中国经济改革的策略是通过减少国家计划和把决策权从政府计划部门①下放给企业行政班子来增加企业的自主性。就像本书尝试显示的，这种"演进"路径有着维持国家控制和防止大规模混乱的优势。然而，也有很多挑战，当传统的中央计划经济转向市场经济时，阻碍来自现有的计划体制。因此，有人可能会问，改革政策多大程度上引起了企业内部管理过程的实际变化。

最后，我非常幸运地可以接触这6家企业。在1985～1986年，作为中欧国际工商学院的MBA学员，我与这6家企业建立了联系。在1988～1989年，我被任命为中欧国际工商学院中方教务主任，指导MBA学员在这些企业开展调查项目。这使我有机会继续研究和比较管理决策过程中的变化。许多企业干部最终变成了我的好朋友，他们为漫长的深度访谈腾出时间并允许我接触很多重要文件。

理论视角与研究设计

在研究中，本书尝试通过对决策过程的调查来确认改革

---

① "国家计划体制"和"计划部门"是指决定优先重点的制度机构，比如经济活动的国家计划以及通过行政干预的手段在企业运营中执行这些重点政策。它们对企业的权威地位通过①所有权控制，比如国营企业，和/或②掌握公共利益的政府机构予以确认。这些机构要么通过分配资源配置中的指标或者支配企业的具体行动进行直接干预，要么通过发布政策和规章进行间接干预。

政策的理论跟其在企业管理中的实践应用之间的差异。毫无疑问，决策是企业行政班子最重要的职能之一。行政班子制定的决策将会决定他们组织的未来，并且他们的决策通常也会被列为"战略"或"顶层"决策。Simon（1976）把"决策"看作管理的同义词。决策是指导向执行的一系列活动。一项决策可能涉及经济交易，比如购买和定价。行政班子发动组织变革，使组织结构适应竞争环境。一般来说，组织决策过程被看作重要的、复杂的和集体的。它们重要，是因为决策结果影响组织绩效，并且也许还决定其存亡。它们复杂，是因为行政班子必须冒险，并面对竞争环境中的不确定性。它们被看作是集体的，是因为许多行动者——来自内部各部门和组织外部的个体或者群体——也许参与决策过程。

本书遵循 Pettigrew 及其同事（Pettigrew，1985a，1988，1989）的观点：管理行为能够通过对决策内容（种类）、决策过程和决策情境的研究来理解。在某种程度上，内容意味着决策尝试解决的问题。组织决策的五个主要问题为：①采购——企业如何决定挑选和获得供应，比如原材料；②产品定价——企业干部如何决定他们产品的价格；③招聘——根据工作需要挑选新员工和提拔人才；④组织变革——组织结构的重新安排，规模的改变；⑤产品创新和生产过程中的投资——与新产品发展相关的战略活动以及通过在某个新地点投资来进行生产扩张。这五种决策在 1985 年和 1988～1989 年的 6 家企业里比较了两次，也就是说，总共研究了 60 个决策。

决策过程主要涉及导致某个结果的诸多活动（Hickson et al.，1986；Pettigrew，1973；Mintzberg et al.，1976），并且它由一个时间框架中的某些基本成分构成，这个时间框架开始于首次提议，结束于决策被批准。在开始和结束之间，这些活动被细分为提议本身、设计、评估和批准。这些活动的每一步都由一个或多个行动者承担。这些行动者来自组织内部或者外部，他们的参与显示了他们在组织中的权力范围以及他们的不同利益。

决策情境涉及企业运营环境，尤其是具体的运行背景。本书聚焦于三种运行背景。第一种是企业内部的：组织结构、功能和程序，或者处理决策活动的内部规则。第二种是国家计划体制，它在国营企业中扮演最重要的角色。中国企业的管理决策处于与不同政府机构相连的复杂关系网络中。这些网络嵌入计划等级，国家干预通过所有权控制、规章以及管理决策中的直接干涉发挥作用。第三种涉及企业与其他组织之间的连接，方便交易和资源流动。图1-1展示了本研究的决策模型。

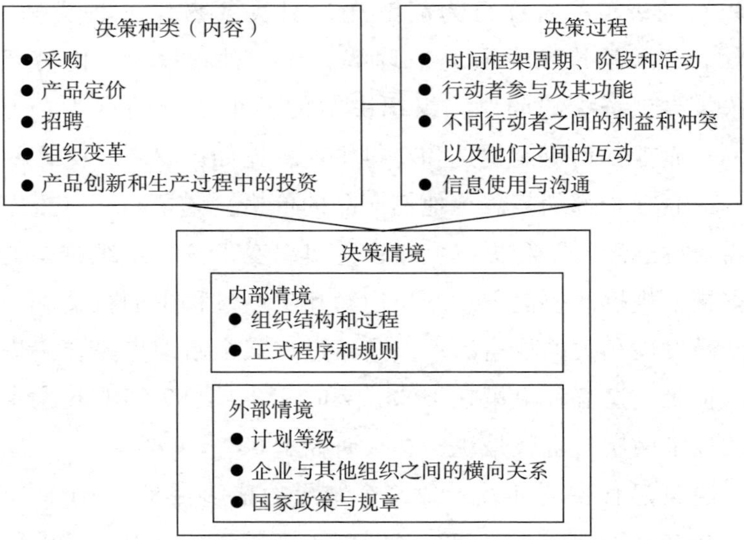

```
┌─────────────────────────┐  ┌─────────────────────────────┐
│ 决策种类（内容）         │  │ 决策过程                     │
│ ● 采购                   │  │ ● 时间框架周期、阶段和活动   │
│ ● 产品定价               │  │ ● 行动者参与及其功能         │
│ ● 招聘                   │  │ ● 不同行动者之间的利益和冲突 │
│ ● 组织变革               │  │   以及他们之间的互动         │
│ ● 产品创新和生产过程中的投资│ │ ● 信息使用与沟通             │
└─────────────────────────┘  └─────────────────────────────┘
              │                           │
              └─────────────┬─────────────┘
                            ▼
        ┌─────────────────────────────────────┐
        │ 决策情境                             │
        │ ┌─────────────────────────────────┐ │
        │ │ 内部情境                         │ │
        │ │ ● 组织结构和过程                 │ │
        │ │ ● 正式程序和规则                 │ │
        │ └─────────────────────────────────┘ │
        │ ┌─────────────────────────────────┐ │
        │ │ 外部情境                         │ │
        │ │ ● 计划等级                       │ │
        │ │ ● 企业与其他组织之间的横向关系   │ │
        │ │ ● 国家政策与规章                 │ │
        │ └─────────────────────────────────┘ │
        └─────────────────────────────────────┘
```

图1-1 决策模型

数据来源：根据Hickson等（1986）、Lu（1991）、Mintzberg等（1976）和Pettigrew（1985a, 1989）归纳整理。

遵循 Pettigrew（1989）的概念，本研究不仅考察决策内容和分析过程，而且考察决策发生的背景。决策内容是决定"什么"（What）的问题，"如何"（How）决策通过考察过程来理解，"为什么"（Why）通过背景分析来理解。这个模型的中心主题是探索这三个方面的联系以及它们在研究期间的变化。

研究方法包括跟参与决策的行政班子进行半结构化访谈。每一位报告人填写一份调查表（见附录 访谈提纲），这份调查表考察周期、行动者参与、决策水平、行动者之间的互动和信息沟通的过程。当允许接触文件时，也会进行一份问卷调查。中欧国际工商学院在这 6 家企业进行的管理项目以及 MBA 学员报告是补充数据来源。

本书共有八章。第一章对 1949 年至 1984 年的中国工业化经历进行简要回顾。重点在于工业决策和放权演化过程的分析。第二章考察 1984 年以后城市工业的改革，当时国家采取放权活动作为国营企业改革的关键措施。这一章也介绍北京市工业企业的简要情况以及本研究所挑选的 6 家企业的概况。第三章研究采购决策中的变革，采购决策 1985 年由国家计划协调，而 1988 年转向了市场。第四章为对价格改革的细致考察以及作为与市场需求相抵触的国家行政机制如何约束企业的价格决定。第五章分析关于劳动力招聘的决策，也就是将人事权下放给企业。第六章涉及组织变革以及评估 1985 年和 1988 年决策权从党委书记转移到厂长手中的程度。第七章考察关于产品和/或生产革新的投资决策，在 1988～1989 年政府依然对此加以限制。第八章总结研究发现，提供 1993 年改革的信息和总结研究。

第一章　中国的工业治理与企业管理（1949～1984年）

一　中国的社会主义：制度结构与工业治理

1949年之后，中国实行社会主义制度。① 中国选择社会主义作为发展战略，中国政府遵循了社会主义的核心意识形态原则，强调集体所有和集体身份，国家代表工人阶级的一般集体利益，因此组织的等级控制是很自然的。人们不再被

---

① 中国的传统经济是农业经济（Riskin, 1987），其中各级官员执行各个分散农场和村落的亿万生产劳力的协调、监督和控制。传统官僚制实质上限制了物品的生产和分配（Balaze, 1964）。尽管中国事实上创造了世界上最早的商品产业，但是农业生产和以手艺为基础的制造业的水平没有多少变化（参见 Riskin, 1987）。当早期企业家被反复灌输士大夫阶层的价值观（Andors, 1977）时，经济活动就与帝国的政治和行政紧密地联系在一起。结果，直到外国入侵和内部政治动荡的19世纪后期之前，工业化并不能发生。
　　在两次对外战争——中英鸦片战争（1842年）和中法战争（1856～1860年）——失败以及内部叛乱之后，中国第一个工业化尝试发生在1860年代，清政府鼓励"自强"计划来加强其军事力量。仿照西方国家建立了几个工业项目，包括建立现代工厂。1881年，中国第一条电报线在北京、天津和上海之间完成连接。1896年，清政府建立国家邮政系统。学校开始教授来自西方国家的科学知识（Beckmann, 1965；Brugger, 1976）。由于不恰当的政府政策、西方观念与中国传统习惯之间的冲突、缺乏合格的政治领导等原因，这些早期工业化最终失败了。参考 Biggerstaff（1976）、Brugger（1976）、Myers（1982）、许涤新（1982）和郑学檬等（1984）。

利润激励,而是代之以道德和政治奖赏,并且个人必须对集体做出适当的贡献(Bate & Child,1987)。这些制度通过中央计划经济来落实,其中资源分配和经济活动由国家计划进行协调(Andors,1977;Lee,1987;Schurman,1966)。

在1950年代早期,中国建立了社会主义经济体制和工业治理体系,它们都学自于苏联。在1978年开始经济改革之前,中国经济体系具有以下特征。[①]

第一,社会主义实行国家所有制,因而最重要的工业企业为国家所有。1956~1958年期间,政府进行"社会主义改造",通过国有化和集体化系统地消灭了私人所有制(Andors,1977;Riskin,1987)。如表1-1所示,在1956年,国家所有和集体所有经济成分的工业产出比例快速增长,同时私有企业的比例锐减到几乎为零。因此,国营企业[②]变成了中国工业的支柱。

第二,建立了中央计划[③]的制度框架,包括国务院以及下设的几个国家委员会。与经济管理相关的两个最重要委员会是国家计划委员会(建立于1952年,负责长期计划)和

[①] 经典社会主义首先产生于苏联并具有以下特征:①共产党领导下的政经互锁的国家领导体制,而共产党是等级结构化的;②单一的国家所有制,整合大型经济部门;③高度集权的计划和控制;④管理中的意识形态刺激和政治激励(Spulber,1979;Wilczynski,1972)。

[②] 按照官方定义,"国营企业"一词是指全民所有制工业企业。它们由中央或地方政府管理。按照朱嘉明和吕政(1984)的观点,国家所有制有五种来源:①1949年之前红军(后来的中国人民解放军)在解放区建立的企业;②国家接管1940年代后期国民政府官僚资本所有的企业;③国家通过"社会主义改造"国有化的私人工业企业;④国家合并的大型集体所有制企业;⑤政府投资兴建的新企业。

[③] "中央计划"一词是指通过中央政府或地方政府进行行政干预的特定模式。它是这样一个经济系统:①所有或大部分企业的所有权归国家;②国家有最终管理权来指示企业接受其目标,企业服从投入和产出方面的命令以及承担其他义务。

国家经济委员会(成立于 1956 年,负责年度执行计划)。1956 年,国家物资总局成立,负责处理资源和原材料的配置。同年,国家技术委员会建立,负责规划产业技术发展。

表 1-1　不同所有制成分对工业产出总值的
贡献比例 (1949~1984 年)

单位:%

年份	国家所有	集体所有	私人所有	其他
1949	26.25	0.50	22.97	50.28
1953	43.04	3.87	19.26	33.83
1957	53.77	19.03	0.83	26.37
1958	89.17	10.83	—	—
1960	90.60	9.40	—	—
1965	90.07	9.93	—	—
1969	88.71	11.29	—	—
1970	87.61	12.39	—	—
1976	78.33	21.67	—	—
1978	77.63	22.37	—	—
1980	75.97	23.54	0.02	0.48
1984	69.09	29.71	0.19	1.01

　　注:1949~1957 年的其他数字指国家和私人合资所有制企业。这类工业制有着国家和集体所有制的工业企业、股份公司、外资所有制工业企业(独资、合股经营企业、合作企业),以及来自香港地区、澳门地区、台湾地区和其他地区的海外华人投资的工业企业。
　　数据来源:《1992 中国统计年鉴》,第 408 页。

在国家计划委员会和国家经济委员会下面,设有中央职能局和工业部委。前者由执行管制权威的部门和办公室构成,负责财务、劳动和人事、税收、审计、定价等领域。工业部委处理产品分类，比如煤炭、化学、机械、造船与纺织，以及直接管理一些工业企业。例如，从1953年至1957年，中央部委直接管理的企业数量由2800家增长到9300家。在工业部委内，有负责更具体产品的办公室。这些机构把国家计划分派给企业，并协调它们的大多数交易活动，比如产品和原材料的配置。在1953年，115种工业产品和227种原材料服从国家计划。截至1957年底，这些数字已经分别增长到290种和532种（国家计委体制改革办公室，1988）。截至1978年，几乎100%的工业品和90%的农产品都按照国家计划配置。[①]

第三，就像中央政府部委施加控制一样，地方政府积极地参与企业经济管理（李培林等，1992；钟成勋，1993）。地方政府的架构通常与中央政府相当，包括地方计划委员会和经济委员会以及工业和职能局。它们的职能和职责与对口部门相似，并且地方局向中央部委报告。大多数中小型企业由地方政府直接管理。[②]

第四，由于实行社会主义，共产党在工业管理中扮演着主导角色并且渗透到生活的每个方面。党组织虽然独立于管理系统，但是与组织结构联系在一起。最高权力属于党中央，之下有部委、省委和市委。在市委下面，每个局都有党委负责企业里的党组织：要么党委，要么党总支——主要看

[①] 至于具体讨论，参见国务院财经体制改革办公室（1979）、田源和乔刚（1991）以及吴敬琏（1992）。

[②] 按照朱嘉明和吕政（1984）的观点，国营企业有着四类管理风格：①它们可能完全由一个工业部委管理，通常为大型公司；②由一个中央部委和地方政府共管，但是由中央部委主管；③由一个中央部委和地方政府共管，但是由地方政府主管；④完全由地方政府控制。每种类型的国营企业数量在不同时期不同。例如截至1980年共有2500家国营企业（也就是大约3%的工业企业）由中央政府控制，其他由地方政府管理。

企业规模——由党组织的书记主管。下面是车间的党支部和由党员构成的党小组。共产党发布指示和命令，监督党员和其他非党职员，决定晋升和降级等人事问题，并提供政治教育活动。

由于计划部门提供所有产品价值的详细规定，企业行政班子就被限制在服从和完成指示、命令等操作性任务，这些是国家计划的结果。国家计划的强化是确保企业沿着一定轨道运行的主要因素，并且它们像某个大车轮上的零件一样执行它们的生产和分配活动。因此，行政班子要调解计划部门、共产党、工人和其他外部单位（比如供应商和销售商）之间的冲突（Campbell，1966）。

社会主义经济的协调机制依赖由国家计划予以等级性结构化的行政程序。在计划经济时期，中国的市场被压制（Berger，1986）。这就引起了大量问题。马洪（1979）指出了中国中央计划体制的四个关键缺点。第一，因为国家计划不可能囊括所有物品，所以大量产品超出了国家控制。然而，由于企业按照国家计划安排他们的生产，它们没有诱因生产非计划物品。这就导致短缺，这是社会主义经济里普遍发生的事情（Kornai，1980），并且大多数物品在市场上也找不到。第二，经济协调由行政命令而不是企业与它们的供应商和/或销售商之间的交易来执行。工业部委和地方政府根据它们自己的利益管理企业。它们的干预使经济协调变得困难，结果计划和控制过程变得政治化和官僚化。第三，作为国家控制经济活动每一个方面的结果，企业干部没有改善其绩效的需要，而是代之以依靠国家分配资源和生产任务。第四，对于企业干部和员工缺乏激励和惩罚。

除了国家计划引发的问题，党委在决策中的主导也会给企业强加很多政治任务。与执行中央计划的行政等级平行的是，党委系统共存于政府部门和企业组织中，根据政治原则监督和控制企业活动。政治忠诚是职位提升的最重要标准，这就导致了 Kerr 及其同事（1960）所描述的"政治管理"风格。因此，中国的组织结构是复杂的，并且绩效评价可能涉及中央计划体制、党组织和生产技术系统（Bate & Child, 1987; Kerr, 1983; Spulber, 1979）。

二　1979年改革前的国营企业放权增效尝试

中央计划经济带来的僵化问题早在 1950 年代就被认识到了。1958 年，中央政府通过决策放权和把决策下放给地方政府，做出了解决这些问题的第一次尝试。这个尝试从引进一套政策开始：扩大商业规模、允许企业保留利润、放松对企业活动的财务控制以及把投资责任授权给地方计划人员。截至 1958 年底，超过 8000 家国营企业被下放给地方政府，而中央部委仅控制大约 1000 家大企业。服从国家计划的原材料类型从超过 500 种下降到 130 种。但是不久放权就导致了经济混乱，因为地方政府浪费资源，因此中央政府再次强化集权。[①]

截至 1963 年，工业管理高度集中在国家控制下，10000 家国营企业由中央部委直接管理。中央部委不仅控制大多数工业生产，而且控制着投资、原材料配置、产品分配、定价、工资/薪水、员工数量、财务以及资产处理。企业干部反对

[①] 1978 年之前放权尝试的详细讨论，可以参考 Donnithorne（1967）、Lee（1987）、朱嘉明和吕政（1984）、Riskin（1987）、吴敬琏（1992）。

这种严格的集权，因此在 1960 年代后期实施另一次放权计划。小企业的管理交回给地方政府。1967 年，地方政府也被允许保留企业折旧资金。1970 年，中央政府决定给予地方政府更多的企业管理自主权。超过 2000 家企业，包括大庆油田和长春第一汽车制造厂等大型企业，被下放给地方政府。然而，这些措施还是未能改善绩效以及伴随经济控制引起的问题——与先前的尝试相似。1975 年，中央政府决定进行"企业整顿"，其结果仍然是再一次回到集权（朱嘉明、吕政，1984；吴敬琏，1992）。这些经验就是中国工业决策政策中的恶性循环：集权导致僵化、僵化导致抱怨、抱怨导致放权、放权导致混乱，而混乱导致回到集权（也就是俗话说的："一抓就死，一死就叫，一叫就放，一放就乱，一乱就抓"）。

对两次放权尝试的批评引起了决策层的注意。有人认为，决策应该下放给企业而不是地方政府。中国经济学家认为，1978 年之前放权活动的本质实际上是中央政府和地方政府之间的权力分工，并且它是一种"行政放权"（刘国光，1988；吴敬琏，1992），它主要建立在毛泽东 1956 年"论十大关系"中相关内容的基础上。毛泽东关于中央政府和地方政府之间、生产单位与个人之间关系的论述变成了放权的原则（吴敬琏，1992；周叔莲，1992）。1978 年之前的放权主要聚焦于中央政府和地方政府之间的关系，并没有授予企业决策权。结果，企业按照中央和地方政府的指示运转，忽视了客户和市场。

另外，这些放权活动通过政治过程来落实，这个变成了中国经济管理的独特特征。正如吴敬琏（1992）所指出的，1957 年的"反右运动"和 1950 年代后期中苏关系的破裂意味着任何物质激励和企业自主权的提议都冒着被批为"修正主义"的风险。在这种政治背景下，企业决策自主权和市场经济都是禁忌。任何改革措施不得不通过政治可以接受的修辞来进行掩饰。例如，1970年代的放权通过"放权是一场革命"、"越放权越革命"等政治口号来进行宣传。[①] 结果是，没有足够的理论准备就实施放权活动。

三 中国文化及其对管理的影响

中国文化和社会的历史可以回溯到5000多年前。中国在哲学、科技、社会结构以及传统行政体系方面有着独特的文化遗产。没有管理研究可以忽略这个文化遗产。必须注意中国文化的四个概念。

第一，在中国有尊重长者、等级和权威的传统，其起源于儒家的概念"礼"（仪式、得体），对维护个人的社会地位起着重要作用。"礼"帮助维持传统官僚体制，代表皇帝、官员和老百姓之间的垂直关系。在这种文化背景中，决策的集权是得到认同的（Lockett，1988；Lu，1988；Pye，1985；韦政通，1988；资中筠，1987）。

第二，中国人把家庭看作基本社会单位，并且有着促进集体或群体的强烈倾向（Lockett，1988；韦政通，1988）。在家庭或群体内部，成员必须维持和谐关系。因此，家庭或宗族规范被看作正式的行为准则，成员行为必须符合这些标准。[②]

---

① 吴敬琏（1989）认为，一项经济措施甚至一个想法与意识形态概念联系起来是非常普遍的。因此，一项改革政策主要考虑政治理由，而不是经济理由。
② 费孝通论述："在这种社会中，一切普遍的标准并不发生作用，一定要问清了，对象是谁，和自己是什么关系之后，才能决定拿出什么标准来"（费孝通，1967：37）。

第三,"面子"观念被看作重要特征。正如胡先缙注意到的,"面子"观念与"一种通过生活中的成功和炫耀所获得的名誉"相关(Hu, 1944:45)。黄光国认为,在中国这种静态社会里,主要社会资源被少数分配者控制,他们根据个人喜好予以分配,"面子"游戏用来强化与别人的关系(Hwang, 1983)。此外,"面子"也用来强化家庭或群体内部的和谐,因此只有正面的东西被公开展现,而任何冲突都保持在私下。

第四,私人关系的价值。私人关系构成了人际网络,人们通过人际网络进行社会交换、共享或报答(Hwang, 1983)。按照黄光国的模型,关系是指个人核心家庭的外部关系。有关系的人通常具有共同的出生地、血统、姓氏或经历,比如相同的学校、一起工作或属于相同组织(Jacobs, 1979)。一项中国和英国的决策比较研究显示,与来自英国的企业管理人员相比,中国的企业干部更多地运用他们的私人关系来交换信息、与计划部门谈判以及加快决策过程(Lu & Heard, 1995)。

在现代中国,这些传统观念依然非常重要。在1988年的一项对324个城市的调查中,诚实、爱国主义和尊敬父母等品质处于社会价值清单的前列。至于民族特性,人们被看作勤奋、节俭、实际、保守和顺从(《北京评论》1988年第5期)。Laaksonen注意到,在现代中国,商业和工业企业被看作家庭系统的延伸。因此,"在执行上司的命令和指示时,下级一般被要求无条件地忠诚、服从和恭敬"(Laaksonen, 1988:95)。这个观点与Shenkar和Ronan(1987)的发现是一致的,中国大陆干部在组织中保持了根深蒂固的集体主义信念,将挑战看作集体努力而不是满足个人目标。他们也把工作看得比休闲重要，同时认为工作有利于家庭福利而不是与之竞争。最后，他们认为集体比个人更重要。Redding 和 Ng（1982）发现，面子观念在社会关系和组织行为中仍然起重要作用。

这些传统文化的关键概念与社会主义意识形态是完全兼容的，具体见表1-2。中国政治和经济生活的帝国式垄断是与国家所有的社会主义原则、中央计划过程和共产党的支配地位相一致的。中国人倾向以家庭为边界和群体导向的集体主义与强调集体主义和道德激励的社会主义意识形态也是兼容的。

表1-2 中国传统文化、社会主义意识形态以及它们对企业管理的启示

社会主义的意识形态原则	中国传统文化	对管理实践的启示
计划体制和国家垄断控制	尊重权威	决策中的集权，与权威的垂直沟通
集体领导，政治激励和规训	集体主义，群体导向的行为以及和谐的人际关系	把企业看作类似家庭的多功能单位，包括经济、政治和社会义务
符合等级的谈判秩序	人际关系家庭关系的重要性	老板与员工之间的权力动态，个人之间的商讨关系
展现个人好的一面	面子观念	展现个人好的一面；非正式行为与沟通，而不是正式规制和程序

数据来源：根据 Hwang（1983）、Lockett（1988）、Lu（1988）、Shenkar 和 Ronan（1987）、Schurmann（1966）、马泉山（1989）和资中筠（1987）。

正如表1-2所示，社会主义意识形态原则和传统文化可能共同影响管理实践。然而，在中央计划经济中，中国文化的某些方面可能引发问题。例如，中国人对权威的尊敬可能解释为较大的"权力距离"（Hofstede，1980）。这种背景下的组织决策被理解为偏爱集权，它会使解决中央计划经济中的问题变得困难，因为它会抑制任何对中央的挑战（Lockett，1988；Lu，1988）。由于这种较大的权力距离，加上面子观念，信息沟通可能被限制在垂直等级内，而水平沟通可能被阻碍（Child，1994）。

集体主义与中国的家庭和群体导向兼容，它可能把企业看作一个大家庭。结果，企业管理需要承担经济、政治、社会等多重功能（李培林等，1992）。这个现象就是 Walder（1989）称作"四面生活"（Four facts of life）的东西。第一，企业是一个政治同盟，行政班子需要其他企业干部尤其是党委书记的支持。第二，企业是一个社会政治共同体，管理必须在党委和工会的社会基础上开展。第三，与政府官僚制的垂直关系仍然重要，这会影响行政班子实现企业繁荣的能力。第四，非市场交换关系仍然重要，尤其是在获得紧缺物资和赊购时。

四 1979~1983年的经济改革启动和试验活动：试点中的放权

1978年11月22日，中国共产党在十一届三中全会上宣布了经济改革计划。重点在于继续实现由毛泽东和周恩来在1970年代早期提出的雄心勃勃的现代化计划。[①] 经济改革开始于农村，但是从1979年起焦点逐渐转向工业企业，并且一

---

① 参考周恩来（1975）。

些试点活动在一些被选中的地区开始。虽然这些活动的本质是放权，但因为决策权从计划部门转给了企业，它们引人注意。

1979年4月5～28日，中共中央召开工作会议，决定执行一个"调整、改革、整顿、提高"的计划，纠正由"文化大革命"引起的政治和经济混乱。1979年5月25日，国家经委、财政部、外经贸部、中国人民银行、国家物资总局、劳动总局六个中央部委转发了《关于企业管理改革试点座谈会纪要》。这就启动了北京、天津和上海8家国营企业的改革试点活动。

1979年7月13日，国务院发布了五个政策文件，扩大企业自主权，主要内容有：①在完成国家计划的前提下，允许企业计划生产；②引进利润导向体系，把员工报酬跟实现利润挂钩；③逐步提高折旧率并允许企业运用折旧资产来创新；④实行固定资产有偿占用制度，允许企业处置剩余资产；⑤运用银行贷款来供应现有资产；⑥鼓励新产品开发；⑦鼓励企业申请出口并允许外汇提留；⑧允许企业招聘工人并制定自己的激励政策；⑨允许企业调整组织结构和按照任务需要进行组织变革。

地方政府也组织不同的试点活动。截至1980年底，超过6000家国营企业被挑选来检验不同的放权方案。1980年8月9日，国务院批转国家经济委员会出台的《关于扩大企业自主权试点工作情况和今后意见的报告》，定价、利润提留和资金使用方面的决策权从政府转到了企业行政班子手中。

1981年5月20日，国务院财经体制改革办公室、国家计委、国家经委、财政部、商业部、劳动部、外经贸部、国家物资总局、中国人民银行等10个中央部委联合发布了一个叫作"六十条"的详细文件。这个文件进一步将生产计划、利润保留、资金使用、产品销售、产品开发、出口和外汇提留、定价政策、税务、银行信贷、组织设计、人事和劳动管理、社会责任减少和民主管理方法等决策权下放给企业。这些措施后来变成了著名的工业经济责任制。

这个制度的主题在于明确国家、企业和个人的责任,通过激励措施来激发他们的积极性。在1982年至1983年期间,国营企业改革聚焦于放权措施,主要继续前面的放权活动。但是,在改革的水平和范围上有着一些差异(吴敬琏,1992)。首先,放权不仅在地方政府层面,而且扩展到企业行政班子。其次,在农业和外贸上引进非国有成分来回应开放政策。

放权试点的进展表面看起来令人满意。按照四川省的一份报告,在100家试点企业中,84家企业的产值在1978年到1979年增加了14.9%,而利润增加了33%(任涛等,1980)。截至1980年底,28个省份5777家参与放权试点的企业的产出比1979年增加了6.8%,而利润增加了11.8%(朱嘉明、吕政,1984)。另一方面,也出现了一些问题,并引起了意料外的结果(林子力,1980;吴敬琏,1992)。最大的困难在于企业在供应和分配网络上被国家计划束缚,因为最重要的物资分配服从计划指标。市场仍停留在协调企业之间交易的原来状态。例如,价格由政府严格控制,而流通网络被部委垄断。因此,实际上,没有计划部门的允许,企业不可能购进原料或销售产出。此外,甚至劳动管理和组织设计等内部问题的决策也被政府职能部门限制。为了把国营企业转变成根据市场需要调整经营活动的单位,放权活动被推动到第二阶段,整体计划体制改革和更激进的权力下放被采用,这将在下一章讨论。

第二章 经济改革：放权（1984~1988年）

一 1984年后城市里的放权与改革

在1984年至1988年，中国的改革政策有着令人印象深刻的变化。首先，企业变成了改革的焦点，并且在全国范围内正式进行放权改革。1984年5月10日，国务院发布了重要政策《关于进一步扩大国营工业企业自主权的暂行规定》来支持放权，授予企业10个方面的自主权。它们分别是生产计划、产品销售、定价、供应、利润提留资金使用、剩余资产处置、劳动和人事管理、机构设置、工资奖金设定以及企业间工业集团的形成。这是第一次用法规形式规定企业管理的范围。

与放权活动紧密相关的是城市改革活动。1984年5月，国家经济体制改革委员会发布了《城市经济体制改革试点工作座谈会的纪要》。正如1979年11月的总体思路所说，[①]城市改革的目的是简化政府管理体制以及创造一个通过放权措施来确保企业自主权的适当环境。

其次，这些政策以邓小平关于中国社会主义现代化建设

[①] 参考国务院财经体制改革办公室（1979），第826~830页。

的战略思想为指导，也就是通过国家计划和市场力量构成的混合经济实现现代化。对于邓小平来说，社会发展背后的动力不是阶级斗争，而是生产力。他在1985年9月23日中国共产党全国代表大会闭幕式上的讲话中指出：

> 大家都看到，十一届三中全会以来的将近七年，是建国以来最好的、关键性的时期之一。这确实来之不易。我们主要做了两件事，一是拨乱反正，二是全面改革。
>
> 多少年来我们吃了一个大亏，社会主义改造基本完成了，还是"以阶级斗争为纲"，忽视发展生产力。"文化大革命"更走到了极端。十一届三中全会以来，全党把工作重点转移到社会主义现代化建设上来，在坚持四项基本原则的基础上，集中力量发展社会生产力。这是最根本的拨乱反正（邓小平，1993：141）。

国家试图确定两种主导观念来"拨乱反正"。一个是"社会主义商品经济"，支持这样一种观点：国家计划必须主导经济活动以及战略行业应该保持全民所有制，但是市场在促进国家控制中起辅助作用。[①] 另一个是"初级社会主义"，它建立在这样的前提基础上：中国社会主义仍然处于初级阶段，市场是协调企业经营的必要手段。这是市场概念首次被官方意识形态接受。这两个理论被合并成一个准则："国家调节市场，市场引导企业"（中共中央，1987，1988）。这些概念在很多方面不同于毛泽东思想，并且影响了1984年之后

[①] 参考 CPC（1984）。

的改革政策：不仅增加企业自主权，而且改变经济制度，包括国家计划体制和党组织。表 2-1 比较了关于工业管理的主要概念。

表 2-1 改革前后企业管理概念的差异

概念	改革前	改革后（主要是 1984 年之后）
（1）所有权	大多数经济领域中的国家所有制垄断	国家和私人多种所有制的混合
（2）社会发展动力	阶级斗争	生产力，主要是技术
（3）党和国家的中心任务	继续革命	经济建设和四个现代化
（4）党在企业中的角色	所有问题中的一元化领导	支持、监督和指导干部
（5）国家在经济中的角色	过度集权的计划和控制各种经济活动	国家计划和市场的混合
（6）市场的角色	资本主义的混乱之源，与社会主义对立	协调企业经营的辅助机制
（7）企业的定义	中央计划体制的基本政治组织和活动单位	在经营和商业活动中具有自主权的经济机构
（8）企业绩效	遵从国家、党和中央计划的指示	在完成公共利益和国家计划的同时获得利润
（9）企业与政府的关系	政府是企业之上的行政和规制权威	政府作为企业的管制权威和指导者
（10）管理决策主体	党委	企业厂长
（11）人事提升标准	政治忠诚	专业知识、管理经验、政治忠诚、年龄和健康状况
（12）激励/报酬政策	政治动员和非物质激励，工资的平均分配	物质激励与个人绩效挂钩

数据来源：根据 Barnowe（1990）、Hussain（1990）、Lee（1986）、刘国光（1988）、刘跃进（1989）、Maxell & McFarlane（1984）整理。

1984年之后的放权活动聚焦于两个计划。第一个是政企分开。目的是把国家所有权与管理控制分开，将企业转为追求利润的经济体，而不是遵循国家命令的生产单位。第二个是党政分开，厂长作为管理决策的主要权威而党委起支持作用。

1984年5月之后，国家颁布了大量政策来推动放权活动。1985年2月，国务院批转了国家经委、财政部和中国人民银行提议的一项政策——《关于推进国营企业技术进步若干政策的暂行规定》，鼓励通过企业自有资金来进行技术更新和创新。7月，国务院提高了奖金税的起征点，颁布了关于工资和奖金的新规定，给予企业更大权力。9月，国务院批准了一项搞活大中型企业的政策，重点强调决策自主权、提高员工素质和品质管理以及减少国家计划。

同时，政府意识到，对于企业决策的束缚来自不完善的市场。因此，改革应该努力创立一个合适的制度环境，传统计划体制必须改变。在第七个五年计划中，政府宣布领域更广泛的改革政策，包括价格、税收、货币供应、融资和银行（国务院，1986）。1986年3月，国务院发布政策促进企业之间的横向经济联合。7月，国务院发布了关于劳动管理的四个规定，赋予企业干部决定招聘、劳动合同以及辞退不合格或违纪职工的权力。9月，中共中央和国务院联合发布了旨在管理国营企业厂长、党委和职工代表大会之间关系的三个政策。同时，决策权由党委书记转到了厂长手中。11月，中共中央和国务院联合发布了一条强调厂长在决策中必须是主要权威的规定。12月，第六届全国人大常委会第18次会议通过了《中华人民共和国企业破产法》。同月，国务院发布政策确认，政府部门不能妨碍企业自主权。①

1987年初开始的政治不确定性影响了放权活动，将党委排除在管理之外的做法被质疑，比如它是否意味着在企业管理中取消党的领导。但是，在三年的实践后，实际上很难阻止放权活动。因此，1987年很多政策强调继续放权。此外，国家经济体制中的改革活动也开始启动，比如货币机制、财政、基础设施和技术创新。已经建立股票和债券、劳动和技术等生产要素市场，调动劳动力和其他资源。一些重要的政策被发布，包括：3月，国务院领导呼吁在不同制度领域扩大改革的政府报告；4月，国务院批准大型企业独立制定计划的权力；国务院决定在大范围内实行厂长负责制的决定。②10月，中国共产党第十三次全国代表大会批准了这项改革，并呼吁发展市场以及进一步将党与企业管理分开。所有这些都推动了放权活动。到1987年底，超过70%的国营企业，也就是44000家企业采用了厂长负责制（吴振坤、陈文通，1993）。1988年，所有国营企业都被要求实行厂长负责制。

在改革早期，中国就有一些利润承包制的试点，第一个出现在1978年的广东省。1981年，一小部分企业引进承包制，比如首钢。到了1987年，承包制已经变得更清晰。1987年4月，国家经委代表国务院组织了一个工作会议，主张实行企业承包经营责任制，简称承包责任制。实行承包责任制的企业在一个固定期限里提交利润承包合同。截至1987年7

---

① 关于厂长负责制、承包经营责任制和企业改革的更具体细节，参考国家经委企业局（1988）、许飞青和王生瑞（1993）以及本书第六章，吴振坤和陈文通（1993）以及本书第七章和第八章。

② 这个决定在由1987年8月国家经委、中共中央组织部和全国总工会组织的会议上做出。

月，56.8%的大中型企业签订了利润承包合同。1988 年 2 月，政府决定在大多数企业实行承包责任制，[①] 并且国务院宣布了一个关于合同制的规定。承包责任制被看作确保放权的最后措施，因为政府和企业之间的关系通过履行合同的方式予以确认，而不是计划指标或其他行政措施。

国家计划体制改革也在进行中。1987 年 5 月，国务院宣布在计划指标之外建立 120 种原材料交易中心。截至 1987 年，国家计委将战略工业产品计划指标从 1979 年的 120 种减少到 60 种，服从国家分配的原材料数量从 256 种减少到 26 种。然后，国家经委被解散。它的部分功能（关于技术创新和生产计划）被国家计委接管，其他归国家经济体制改革委员会。1988 年 6 月，地方政府被授予更大权力做投资决策，但国家计委继续保持对关键工业行业和大型建设项目的控制。8 月，《中华人民共和国全民所有制工业企业法》（以下称《企业法》）生效实行，通过立法让国营企业成为对利润负责的经济单位。

然而，当经济体制由中央计划转向混合经济时，环境变得混乱而不稳定。1985 年之后，当政府引进价格双轨制时，通货膨胀开始威胁价格改革。双轨制产生了三种价格：国家定价、国家指导价（或浮动价）和自由市场价（具体细节参考第四章）。由于国家定价比市场价低很多并且服从国家定价的大多数产品都短缺，很多企业通过把它们的产品从国家计划转向市场来赚取额外利润。因此原材料和其他商品的价

[①] 承包责任制主要有五种形式：①北京地区的"两保一挂"（参考第二章、第三章）；②利润增长合同；③年平均利润总合同；④利润目标合同或工业损失津贴合同；⑤大企业的投入/产出合同。参考国家经委企业局（1988）和 Byrd（1988）。

格飞涨。1988年夏天，对通货膨胀的担心在很多城市引发了恐慌性抢购。这个情况震惊了中共高层，中共中央政治局决定以赞成国家控制定价政策而暂停价格改革。9月，为了纠正经济情况，党中央决定恢复对大多数经济活动的控制。

1989年，大多数关于放权的经济措施被取消。政府通过经济决策的再度集权来继续企业管理和经济环境的"治理整顿"。在国营企业中，党委恢复对人事权的控制，尤其是对高层干部和厂长的控制。因而许多改革计划悬而未决，比如股份制试点和价格改革。这种情况持续到1992年邓小平南方谈话。[①]

在1989年，政治拖延经济改革就毫不奇怪了。事实上，1978年后关于改革和社会主义与资本主义的意识形态争论已经持续了10年。虽然改革承认市场作为一个经济协调机制的重要性，但是由于政治禁忌和仪式的原因，当时没有足够的企业管理理论，[②] 市场经济仍然被贴着资本主义的标签，仍然是社会主义的对立面。这个时期放权的中心主题遵循毛泽东路线的两大关系：政府与企业之间关系，以及企业跟职工之间关系。放权活动的焦点在于通过利润的合理分配来激励国家、企业和个体生产者。因此，企业拥有有限的自主权，国家保持着控制。自由市场被限制在不太重要的产品，大多数战略物资和产品被国家计划指标控制，并且企业从属于不

[①] 进一步细节，参考第八章。
[②] 吴敬琏（1988）注意到，对于中国学术界来说，怀疑在市场经济基础上建立的西方经济理论并不罕见。吴敬琏也指出，这些理论按照高层观点进行分类。他的"整体设计"提议被批评为"政治保守"和"反对改革"。后来在合同责任制设计中也能找到这样的例子。官方把合同责任制看作"中国改革进展的一个里程碑"，或者"具有中国特色的管理体系"。参考晓谦（1988）和《北京日报》对李鹏春节期间考察首钢讲话的报道（《北京日报》，1988年4月4日）。

同的政府部门。

尽管放权在进行,但是国营企业的绩效并不理想。[①] 它们占国内总产值的比例持续下降,相反乡镇企业、民营企业、境外投资企业等非国营企业有着更高的增长率。表2-2比较了国营企业与其他所有制企业的贡献。国营企业的总产值比例由1984年全国推行放权活动时的69%下降到1990年的64.6%。在相同时期,其他所有制企业稳步增长,特别是私营企业和其他企业(比如境外投资企业)。

表2-2 不同所有制企业对工业总产值的贡献(1985~1990年)

单位:%

年份	国有所有制	集体所有制	民营企业	其他企业*
1985	64.86	32.08	1.85	1.21
1986	62.27	33.51	2.76	1.46
1987	59.73	34.62	3.64	2.02
1988	56.80	36.15	4.34	2.72
1989	56.06	35.69	4.80	3.44
1990	54.60	35.62	5.39	4.38

*涉及国有和集体混合所有制的工业企业、股份公司、外国所有工业企业(外方独资、中外合资、中外合作)以及包括香港地区、澳门地区、台湾地区以及其他地区的海外华人投资的工业企业。

数据来源:《1992中国统计年鉴》,第408页。

截至1989年,放权主要存在四个方面的困难。第一个是(中央或/和地方)政府对企业保持行政控制,并且大多数企业自主权仍然停留在纸面上。据称,企业自主权被地方政府

[①] 参考杨建敏、寇志宏和杨建中(1990)和刘谟善(1989)。他们确认了合同责任制中的相似问题。这些包括为了更低利润目标的交易,比授权更多的奖金分配,如果利润目标没达到也没有惩罚。

的相关部门把持着。① 第二个是由从中央计划经济到具有市场特点的混合经济的转变所引起的经济混乱。需要建立一个合适的市场，在这个市场中商品交易不被国家垄断，并且保护公平竞争（《经济参考报》，1989年11月17日；《光明日报》，1988年2月11日）。价格机制改革尤其需要，因为战略产品的价格依然控制在政府手中。②

第三个困难是党委书记跟厂长之间的关系。尽管从1988年起厂长负责制在所有企业施行，但是党委书记和厂长之间的分工，无论是理论上，还是政策上，都没有清晰的定义。尽管市场经济改革时期不同于计划经济时期，但是邓小平依然认为应该"坚持四项基本原则"。那就是中国坚持①社会主义，②人民民主专政，③中国共产党的领导，以及④马列主义和毛泽东思想。因此，建立企业厂长决策权威的立法将会威胁到党委书记在企业内代表党组织的领导作用。值得注意的是，起草《企业法》时，党委书记和厂长职能的清晰定义被忽略了（廉贺，1988）。实践中，主要依赖厂长和党委书记之间的私人关系，而不是正式规定（张振怀，1987）。正式来看，企业党委被看作领导班子。同时，又称厂长应该在决策中起"核心"作用，以此来平衡经济和政治的关系。

第四个困难涉及企业干部的不合格和国营企业追求利润

---

① 《经济日报》（1989年2月10日，头版）报道了一个典型例子。一个企业厂长说："按照放权政策，国家已经下放了一些权力，比如人事权、组织设计，但是我依然得不到。或者，更准确地说，我还没有全部得到。我发现很难确认谁或什么机构停止放权。我能说的是中央政府高高在上，而我们在底层……因此，中央下放的自主权没有到企业。"也可以参考袁宝华在全国政协会议经济委员会的讲话（袁宝华，1989b）。

② 更多细节参考第四章。

的短期化导向（李连中，1987；李鹏，1988）。合格干部的缺乏可以看作最严重问题之一。正如朱镕基①（1986：55）所说："与发达国家相比，不仅存在技术差距，而且管理差距更大。因此，采用多种方式培训干部比从国外获得技术更加重要。"在中国社会主义计划经济中，管理概念具有一定程度的政治偏见②（Battat，1986），迫切需要培养专业管理人员和开展管理研究（Warner，1986，1992）。

吴敬琏及其同事（1986）做出了相似的评论，把中国合格干部的短缺归因为中央计划经济的共性问题，管理决策遵循政府的指示和命令。其他人指出，中国企业干部的行为更像行政官员而不是商人，他们贯彻行政指令而不是追求经济利益（袁宝华，1989a）。改革之前的管理知识甚至不包括与市场、财务和商业战略相关的理论（Battat，1986；Olve，1986；中国人民大学，1980），并且很多干部也没有利润和市场的概念（刘诗白，1987；《人民日报》，1988年6月20日）。

二 1984年至1988年的工业治理

中国的国营企业是指这样一些企业，它们的所有权主要属于人民（全民所有制）并且由政府管理。实际上，一个国营企业处于计划部门、政府机构和党的复杂网络中。图2-1

---

① 朱镕基当时任国家经委副主任。
② Battat（1986：70）注意到："为了使其他人信服和给自己提供必要的技术安全和正当性，管理提倡者选择性地引用马克思、列宁和毛泽东的相关论述，为他们在发展社会主义经济中使用现代管理学提供支持。在这些提倡者看来，只要符合中国的情况和社会主义，现代管理学应该被采用和适应国家的需要，不管是在中国发展的，或是从国外进口的。"

展示了改革时期工业治理的等级。

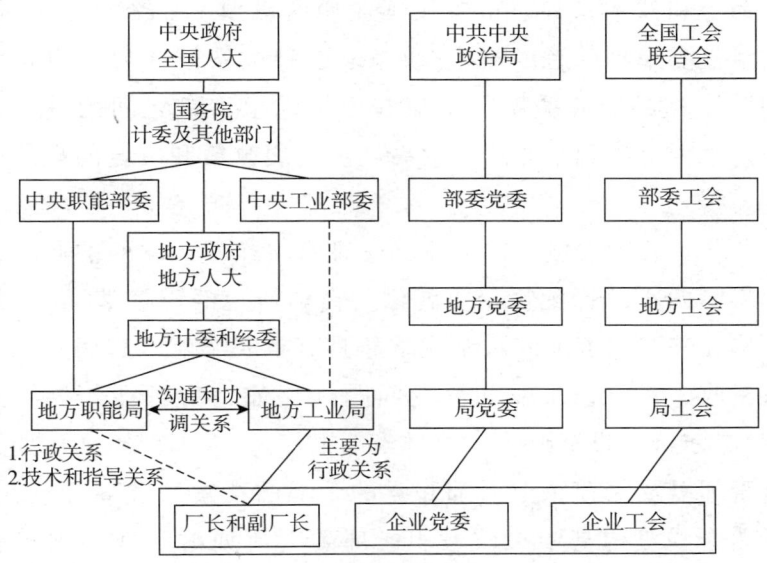

图 2-1 中国城市行业部门的工业治理

数据来源：根据 Child 和 Lu（1990）以及 1988 年 9~10 月在企业和地方政府的访谈和文件整理。

正如第一章所说，位于等级顶端的是中央政府部门。在这些部门中，国家计委在经济管理中是最重要的。计委下面是两个中央部委分类：工业部委，它们涉及跟特定行业相关的生产或服务；职能部委，它们涉及监督和立法上的经济实践。地方政府结构与中央类似。北京的经济机构由市计委、市经委以及工业局和职能局构成。

中国经济制度设置的一个独特特征是它跟企业之间的矩阵关系，形成了一种多层监督关系（Granick，1990）。每个地方经济机构都有两个上级。第一个是当地政府，它对地方委员会和工业局在任务分派和任职任命上具有直接管理权威。另一个是中央政府中具有相同职能的机构。地方机构对中央机构负责。例如，市计委跟国家计委具有直接联系并接受命令和技术指导。市机械工业局向机械工业部直接负责。前者接受来自后者的规定/政策。这种关系被称为"对口管理"。① 这种矩阵关系的价值在于推动上下级之间的垂直沟通。地方机构和企业从对中央经济发展政策和决定的理解中受益。

作为管理权威，市工业局管理很多企业。它们的职能在本章第四小节详细讨论。就像大白话所说的"婆婆"，职能机构在其职权范围内对企业事务具有重要影响。它们专门从事税收、审计、工业和商业问题（比如销售管理和供销渠道）、定价、投资财政（通过当地银行）、人事事务（比如人事管理以及保存企业干部和党的干部的档案）和雇佣工人。虽然这些机构与中央政府职能部委（比如财政部）保持联系，但是它们与地方政府联系最紧密，这是行政权力放权的结果。工业和职能机构之间相互沟通和协调。

另外，企业里也存在着政治组织，比如党委、工会和（共青）团委。它们有着平行于行政等级的独立系统。按照其重要性，它们分别是全国委员会、地方委员会、局委员会和企业委员会。这些政治组织形成了国营企业正式组织结构的一部分。每个组织都有全职职员，在企业员工中发展成员，以及在日常运转中监督成员和干部。企业党委书记一般由局党委直接任命。

---

① "对口管理"意味着政府机构和企业的部门具有相似的职能和正式关系。企业需要按政府机构的指示执行具体任务。例如，关于质量控制，工业局和企业都有一个质量控制办公室。企业质量控制办公室负责人必须向工业局质量控制办公室报告，并且遵循后者的指示。详细见第六章。

三 北京地区的企业改革

作为首都,北京享有作为三个国务院直接管理的直辖市之一[①]的特权。北京的工业化开始于1950年代。截至1988年末,北京成为尼龙绳、塑料和柴油机的最大生产基地,以及第三大汽车生产基地(北京计委,1991)。

北京的改革开始于1970年代末。1979年4月,国务院选择北京的三家大型企业跟天津和上海的五家企业一起试点放权。[②] 1979年,北京255家企业引进了利润分成制,1980年扩展到342家。[③] 利润分成制建立在一个涉及市经委和相关工业/职能机构的复杂程序基础上。通常的办法是市工业局决定企业的利润分成比例。然后由市经委和市财政局审批。分成利润用于产品创新(40%)、福利(20%)和奖金(20%)。[④]

1984年,北京市政府挑选9家企业进行利润承包措施的试点,这是北京最早的承包责任制改革。这个计划进一步明确政府和企业之间责任和利润分配的分工。除了承包责任制,北京市政府也在10家企业进行新税收制试点。1986年初,一个意料外的工业效益下降迫使市政府寻求激励企业的快速办法。承包责任制似乎是最容易落实的办法,[⑤] 因为市政府简单地分派了一个利润指标给其14个工业局(《北京日

---

① 当时的另外两个直辖市是上海和天津,第四个直辖市重庆1997年3月14日在中华人民共和国第八届全国人民代表大会第五次会议上被批准成立。——译者注
② 这三个企业是首钢、北京内燃机总厂和清河毛纺厂。
③ 来自1988年在北京市政府的访谈。
④ 来自1988年8~10月在企业的访谈和档案。
⑤ 其他原因是税收制改革的失败(《北京日报》,1988年11月7日,头版)。

报》，1988 年 11 月 7 日），而工业局又把利润指标分给了其管辖的企业。截至 1987 年底，除了签订利润增长计划的首钢，北京市政府预算方案下的 424 家企业实行了承包责任制。北京的承包责任制称为"两保一挂"。"两保"意味着企业保证①一个确定的利润增长率，通常每年 10%，和②通过技术创新达成的固定资产增长率。因此，企业有义务执行由工业局或市科委分配的创新项目。"一挂"是指员工工资增长跟利润增长挂钩。允许企业利润每增长 1%，企业员工的总体收入支出（包括工资、奖金和其他辅助福利）增长 0.7%。[①] 承包责任制的实行比利润分成制更加复杂，也涉及更多（工业/职能）局。

第一，企业上报其过去四年的平均利润，作为利润目标计算的基础。第二，相关工业局、市财政局和市劳动局三个机构确定奖励利润目标作为承包基础，然后加上下一个承包期的年增长率，承包期分三年或四年。主管工业局确定工资和创新项目的预算。在大多数情况下，合同最终签订前的集中商谈都发生在企业厂长和相关工业局官员之间。如果合同随后做出任何变化，它都需要得到三个部门的审批。如果企业完不成目标，它必须上缴其留取资金和停止涨工资。

自 1984 年起，除了利润分成制和承包责任制，北京市政府挑选了 33 家企业实行厂长负责制。截至 1987 年底，超过 90% 的企业开始实行厂长负责制。[②] 1989 年的北京政治风波中断了放权活动，但是其影响是暂时的。直到 1991 年大多数企业实行承包责任制，很难把政治目标放进合同中。给予干

[①] 来自 1988 年 10 月在企业的访谈。
[②] 来自 1988 年 8～10 月在北京市政府的访谈和档案。

部更大的自主权意味着改革进程不可逆转（更多细节见第八章）。因此，1989年之后承包责任制和厂长在决策中的主导角色在1989年之后在继续进行。这个将在第六章详细讨论。

四　6家案例企业

本书旨在研究国营工业企业中的决策过程。我选6家企业作为案例样本，在1985年和1988~1989年进行经验研究和数据收集。在研究初期，6家企业都为国家所有。1988年5月，其中的汽车厂变成了跟一家香港公司合资的企业。这个所有权的变化影响了这家企业的组织结构和程序。它建立了董事会，市工业局不再是行政管理机构。在激励和外贸领域，企业获得了比以前更多的自由。然而，这个变化对主要管理活动的影响是有限的，这有两个理由。首先，这家香港公司实际上是一家中国投资企业的子公司。其次，香港伙伴仅仅拥有合资企业较少股份并且不参与管理。因此，这家企业依然可以被看作国营企业。

表2-3展示了1985年和1988年6家企业的员工数量、财务状况、官方分类规模以及它们是否主要按照计划指标或利润目标生产。

三家企业形成于1950年代的社会主义改造运动，政府接管了大多数工业企业的所有权。汽车厂最初是一家摩托车维修厂。1966年，机械工业部决定在北京周边建立汽车生产点，这家企业被选中，其生产能力因为接管一家小工厂和得到机械工业部的资助而扩大。制药厂过去是一家大型企业的子公司。1973年，北京市医药局决定为了生产特定健康饮料将其从母公司剥离出来。仅有电视机厂是新建立的企业，当

表2-3 6家企业概况

企业	建立年份	员工总数 1985	员工总数 1988	营业额（百万元/年）1984	营业额（百万元/年）1987	税前净利润（百万元/年）1984	税前净利润（百万元/年）1987	税后净利润（百万元/年）1984	税后净利润（百万元/年）1987	官方分类规模 1985	官方分类规模 1988	指标（Q）或利润目标（P）1985	指标（Q）或利润目标（P）1988
汽车厂	1966	3833	5100	205	467	53.0	86.0	6.6	21.1	M	L	Q	Q
电视机厂	1973	2200	3000	183	418	13.0	13.0	3.1	4.1	M	L	Q	P
重型电力设备厂	1956	1869	1798	23	44	4.8	8.6	0.9	1.7	M	M	Q	P
制药厂	1973	957	912	27	43	4.0	8.6	0.8	3.0	S	M	P	P
音响设备厂	1955	848	890	25	24	4.7	0.9	1.7	0.3	S	M	P	P
电力开关厂	1955	718	695	6	8	1.5	2.1	0.2	0.4	S	M	P	P

注：L=大，M=中，S=小。中国国营企业按照产出、资产和员工数量分为大型规模、中等规模和小型规模。

数据来源：1984年和1985年的数据来自企业档案（1988年9月），Child（1987），表3-1提供了1987年和1988年的数据，来自企业访谈和档案（1988年9月）。

时机械工业部和电子工业部在北京规划了一个生产彩色电视机等消费电子产品的生产点。

在本研究覆盖的1984年至1989年初期间,汽车厂和电视机厂这两家最大的企业在销售和员工数量上都有很大的扩张,被官方从中等规模"提升"为大型企业。其他三家企业成长中等规模企业,使得中等规模企业有了四家。大型企业比其他企业受到计划体制的更多偏爱。例如电视机厂和音响设备厂都在北京市电子工业办公室(局级单位)的管辖之下,但是前者可以跟部委和北京市计委直接联系,它们在投资、外贸、物资分配、技术等领域给予大力支持。中小企业必须主要依靠工业局协调物资供应和获得投资审批。

这6家企业处于四个北京市局级机构的管辖之下,这些机构都被界定为工业局,虽然它们被称作公司或办公室。访谈期间,这些企业干部依然把这些机构称作"局"。每家企业跟一个局有联系,它们传达中央政策和计划,提供技术指导,以及审批战略决策,比如投资。表2-4展示了这些企业跟市工业局和中央部委的垂直关系。

北京市电子工业办公室成立于1987年底,当时北京市政府决定发展电子工业。跟随国务院将中国企业工业总局改为部级中国汽车工业公司的决定,建立于北京汽车局基础上的北京市汽车公司成立于1982年。北京市机械工业局成立于1950年代,1985年重组为机械工业办公室,但是在1987年又取消了局级头衔。1984年,北京市医药局更名为北京市医药公司。

很明显的是,本研究涉及工业局的职能在1985年和1989年之间改变了。在改革初期,这些工业局对企业管理有以下领域的行政权力。

表 2-4 6 家企业、工业局和部委

企业	作为直接上级的工业局	1985~1988 年的中央政府工业部委
汽车厂	北京市汽车工业公司	机械电子工业部下的国家汽车工业公司
电视机厂	北京市电子工业办公室	电子工业部；1987 年后，机械电子工业部
重型电力设备厂	北京市机械工业局	机械工业部；1987 年后，机械电子工业部
制药厂	北京市医药公司	国家医药总公司
音响设备厂	北京市电子工业办公室	电子工业部；1987 年后，机械电子工业部
电力开关厂	北京市机械工业局	机械工业部；1987 年后，机械电子工业部

注：1987 年，机械工业部和电子工业部合并成为机械电子工业部，因此四家企业（电视机厂、重型电力设备厂、音响设备厂、电力开关厂）变更了部委隶属关系。

数据来源：档案和 1988 年 9~12 月的访谈。

- 将关于投入和产出的国家计划指标分配给企业，审批企业月度和年度生产计划以及评估企业完成国家计划的绩效。
- 按照国家计划给企业分派战略资源，比如资金。
- 任命所有干部，包括高级和中级干部，就像任命党委书记和支部书记一样。
- 按照国家计划给每家企业分派工人和干部，审批企业之间的人事调动。
- 设计或改变组织结构，并审批企业跟其他企业之间的协作。
- 审批跟运营（比如生产计划和质量标准）和战略领域（比如投资）相关的问题。
- 给企业分配社会和政治任务，比如计划生育、道路安全教育、政治学习和社区任务。

随着 1985 年之后放权活动的执行，这些职能大多数被取消。1988年，工业局的行政权力集中在以下领域。

- 致力于地方工业发展计划和关于工业行业管理的特定政策。工业局也负责拟定年度运营计划，比如工业产出、财务预算、技术创新、人事管理和外贸。
- 管理企业，包括任命企业厂长和党委书记，监督企业运营和绩效，分配资源，推动企业研发工作，执行国家计划，分配政治任务和其他社会义务。
- 协调其他行政机构。比如工业局跟劳动局沟通人力资源管理。另外，更多决策，比如投资新厂，需要工业局和职能局的审批。
- 建立企业和国家政府之间的沟通渠道。工业局就是向政府报告企业绩效和向企业传达政策和文件的渠道。

在政治活动方面，局党委直接指导企业党组织的活动并向市计委汇报。工业局也有工会和团委（处于市工会和市团委领导之下），负责管理企业里的工会和团委。它们也负责计划生育、社会安全、养老计划、教育训练等社会活动。这些混杂的关系形成了复杂的社会网络。就像一位市电子工业办公室的官员在访谈中所说：

> 虽然每个人都想撤销工业局，但是很难做到。如果首先没有工业局的审批，定价、劳动和人事等职能局没有一个愿意直接处理企业的问题。一个工业局只跟同级别的其他局商量。另外，工业局在向企业传达政府信息和政策以及向政府报告企业统计上非常重要。它是政府和企业之间非常重要的联系。

跟工业局一样，企业有两个其他重要联系网络，类似于前面描述的"对口管理"。一个是同部委的直接联系，部委主导新产品开发和控制产品技术标准。例如，重型电力设备厂和电力开关厂必须遵守机械电子工业部等部委的产品设计蓝图。相关部委也分配原材料、信息、投资预算、外贸机会等战略资源，这些都超出了工业局的范围。因此，与部委有紧密联系的企业享受部委提供的供应，因而进入超过省市级边界的全国市场。

另一个联系是同职能局的监督关系，职能局有着关于公共利益和社会义务上的职能权限。职能局没有下属企业或生产单位，但是有自己的地区和街道分支。表2-5展示了跟经济管理相关的重要职能局。企业职能干部，比如财务，向上级职能局报告绩效数据和接受指示。职能局有权力干涉企业运营。例如，企业职能干部的任免需要相关职能局的准许。

表 2-5 管理局的职能和责任

名称	1985~1988年的职能和责任
市劳动局	地方劳动政策制定、工人进出北京市的审批、每家国营企业劳动指标和员工总数的分配、工人技术晋级鉴定和控制地方工资预算
市人事局	文职和行政职员的管理，包括国营企业的干部和技术人员，大学生和技术人员的分配，行政晋级鉴定和控制地方工资预算
市物价局	地方价格政策制定、产品服从国家计划的涨价申请审批、指导和监督地区价格
市财政局	制定地方财政政策和预算、征收地方税收、审批关于地方开发产品的专项开支、监督企业的财政效益
市审计局	经济单位审计、监督企业开支
市工商局	制定商业发展政策、审批营业执照、指导企业运营、监督企业绩效
市建设规划局	制定城市建设和发展规划、审批建设项目

数据来源：来自1988年10月的企业访谈。

五　6家企业的管理制度

企业内部管理有三条线：厂长管理系统、党组织和职工大会。6家企业的厂长任命于1982年至1986年之间，都是大学毕业并有行业经验。表2-6展示了他们的背景。

表2-6　1984~1988年企业厂长的个人背景

企业	任命年份	上一个职位	教育背景	政治背景
汽车厂	1984	局人事处负责人	大学毕业	党委副书记
电视机厂	1986	党委书记	大学毕业	党委书记
重型电力设备厂	1984	生产副厂长	大学毕业	党委副书记
制药厂	1982	另一家制药企业的技术副厂长	大学毕业	党委副书记
音响设备厂	1983	生产副厂长	大学毕业	党委委员
电力开关厂	1983	技术副厂长	大学毕业	群众

数据来源：1988年10月的企业访谈。

汽车厂和制药厂的厂长来自外部。其他四位厂长都来自党委书记或者生产或技术副职的提升。除了电力开关厂，所有厂长都是党员并进入党委。1986年，这6家企业实行厂长负责制，以前厂长处于党委领导之下。根据市政府政策，厂长负责制让厂长负有以下责任。

● 拟定运营计划，包括生产、采购、销售、人事、技术创新和业务发展。

● 任命、提升/降级中高级干部。[①]

[①] 1988年以前，在一些企业，比如电视机厂、汽车厂和重型电力设备厂，高级干部的任命需要工业局的批准。

- 招聘工人和职员，但是工人的解雇需要劳动局批准。
- 分配报酬和奖金。
- 设计或改变组织结构，设立需要的部门。
- 采购、销售和定价领域的政策制定，挑选供应商和客户。
- 在产品开发和福利上使用留成利润和其他内部资金。
- 剩余资产处理。
- 跟其他企业形成集团或联盟。

每个厂长都有四五位分管生产、行政、劳动人事、技术和财务的副厂长。组织结构在第六章详细讨论。

在1986年和1987年，6家企业采用承包责任制，它们的厂长跟相关工业局签订了利润承包合同。但是汽车厂后来变成合资企业，并且放弃承包责任制。表2-7展示了其他5家企业的合同内容和期限。

表2-7 5家企业的承包合同内容

企业	签订年份	合同期限（年）	利润目标（百万元/年）			
			第一年	第二年	第三年	第四年
电视机厂	1987	4	33.00	37.00	41.00	46.00
重型电力设备厂	1986	4	4.30	4.50	4.70	4.70
制药厂	1987	3	2.50	2.70	3.00	-
音响设备厂	1987	4	0.60	0.60	0.60	0.60
电力开关厂	1987	4	0.87	0.92	0.98	0.94

注：1988年汽车厂变成合资企业，不执行承包责任制。
数据来源：1989年3月在企业的访谈和档案。

除了制药厂的合同是3年，其他4家都是4年。企业厂长对利润负责，同时工业局理论上没有权力干涉企业管理。在大多数情况下，每年利润都需要有一个增长率，但是电力开关厂的情况有所不同。市政府决定接管这家企业的一块地,作为补偿同意减少利润目标。因为这个原因,这家企业在 1990 年只需要完成比上一年更小的利润目标。

除了厂长管理系统,企业里还有两个重要的政治组织:党委和职工大会。厂长和党委书记之间的关系将在第六章讨论。按照企业法,职工大会是决定企业管理重要问题和战略问题的最高机关。实际上,它是一个每年或半年举行群众会议的大会机构,厂长报告上年绩效并提出下一年目标。支持党委工作的工会负责其日常运作。图 2-2 展示了厂长、党委、职工大会和工会的关系。

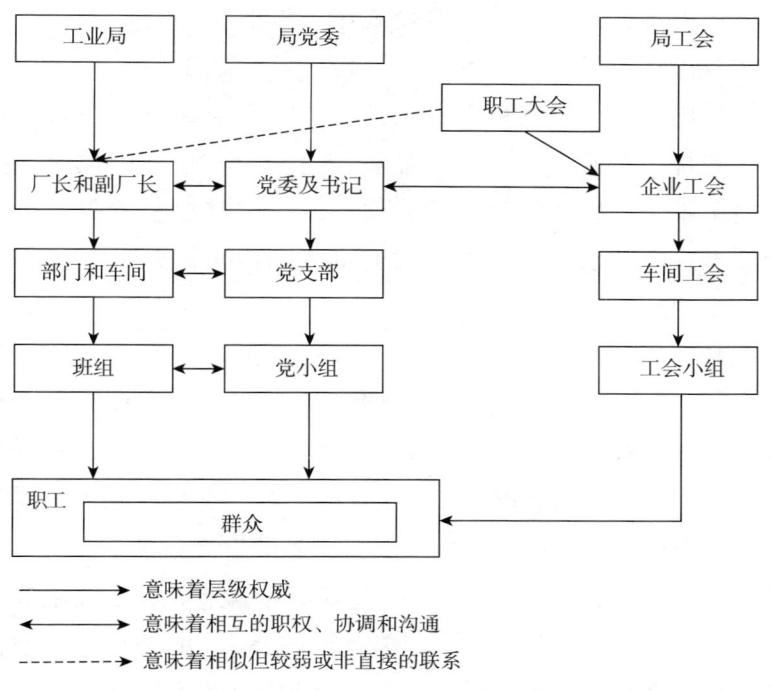

图 2-2 内部管理系统:厂长、党委、工会和职工大会
数据来源:1988 年 9~12 月的企业访谈和档案。

第三章 采购决策：原材料

一 原材料采购的经济背景

在中央计划经济的经典模式中，按照指令行动的企业经常涉及由计划部门发布的"计划指标"。在中国，这些计划部门是国家计委、其他部委或工业局。企业从政府接收原材料，安排生产并把它们的产品直接上交给政府。因此，这种交换关系是围绕计划科层垂直组织的，不需要企业跟其供应商和客户之间的横向交易，因为投入和产出的每个方面都是由计划部门协调和控制的。

基于这种模式，原材料和产品在中国通常都定义为"物资"，分为两大类：计划内分配物资和非计划分配物资。计划内分配物资有三类。第一类是"统配物资"，由国家计委管理并由国家物资总局通过国家计划分配。第二类是"部管物资"，处于组织供应、生产和分配的中央工业部委管辖之下。第三类是"地方分配物资"，由地方政府管理和由地方计委和工业局订购（参考中国人民大学，1980，第 15 章）。非计划分配物资是日常商品和不重要的原材料，它们由企业生产和分配。

政府通过两种办法控制计划内分配物资。首先，企业生产计划服从部委或工业局的计划，而部委或工业局的计划是由国家计委协调的国家计划的一部分。其次，计划内分配物资的价格和分配渠道也由计划部门确定。[①] 因此，企业根据部委或工业局分派的计划指标安排生产，接受相关机构的供应，然后把产品上交给政府部门。政府部门把这些产品分配给作为客户的其他企业。

在改革时期，这种高度科层协调的生产模式逐渐被撤销。1980年代初，国家计委通过减少国家计划产品种类和专注于少数战略产品的控制来放松对企业的干涉。从1980年到1985年，国家计委计划的产品种类数量由120种减少到60种（国家计委体改司，1988）。1988年，国家控制的战略原材料减少到29种，包括水泥、钢铁、石油和关键化学药品（吴振坤、陈文通，1993）。因此，大部分企业的生产任务不再服从计划指标。它们的供应不再由采购计划的指标保障，交换关系从与计划部门的直接协调转变为在市场上挑选供应商和客户。中国经济体制改革研究所对429家工业企业的调查表明，市场采购战略原材料的平均份额由1984年的16.4%增加到1985年2月至5月的43.8%（Fan, 1989：16）。

部委和工业局等计划部门不再接收和上交物资和产品，定单作为计划指标下发给各个企业。企业被允许参加由相关部委或工业局组织的年度商品交易会，它们根据定单订购货物。这个体制给企业一定自由，按照品质和交付要求选择自己的供应商。但是，在价格上依然没有选择，因为所有价格都由国家确定。

原则上，如果供应商接受定单作为国家计划的指令，这

[①] 中国的物资分工也遵循其用途的定义，因此有生产资料和生活资料之分。生产资料由国家物资局、工业部委和地方政府垄断。生活资料由国家商业系统分配，其中商业部管辖地方商业局。

个体制将会起作用。实际上，由于国家计划和不完善市场的混合，情况就变得更加复杂。从1985年开始，大部分产品，尤其是原材料的产品，具有两个价格，具体细节下一章讨论。如果生产厂家完成国家目标，就允许它出售超出国家指标的所有物资——原材料或产品——"超额产品"。国家制度规定，超额产品可以在国家商品交易会或国家批准的产品材料交易中心按照浮动价销售。为了鼓励生产，浮动价高于国家定价。例如，一部轧钢机允许以高于国家定价2%的浮动价销售（李广安，1988）。跟非计划分配物资一起，这些超额产品通常称作"自销产品"，不包括在国家计划中。图3-1展示了计划产品和计划外产品之间的交易关系。

这种国家、市场和企业之间的复杂关系导致了采购中的不确定性。在放权活动期间，当部委或工业局代表国家给企业下达某个特定产品的计划时，它也必须下达采购定单来保证企业的供应。如果不能提供这些定单，企业有权利拒绝部委或工业局的计划，并在市场上销售其产品，而不是分配给国家指定客户。理论上，定单应该跟国家生产计划相等，以便于具有国家计划的每个生产厂家能够从国家分配网络中得到供应。但是实际上，这个系统失败了，供应商和客户之间摩擦不断。服从计划指标的大多数战略物资短缺，比如钢铁和有色金属产品。

因为需求超出计划指标，卖方比买方更强势。然而，如果卖方遵循国家计划把产品卖给国家指定客户，交易就会以国家定价进行，而这些国家定价比浮动价和市场价低得多。很自然地，卖方被激励为了更高的边际利润在市场上销售，除非国家能够有效地惩罚那些不遵守国家计划的企业。但是，当企业跟其主管部门的关系建立在协商基础上（Mon-

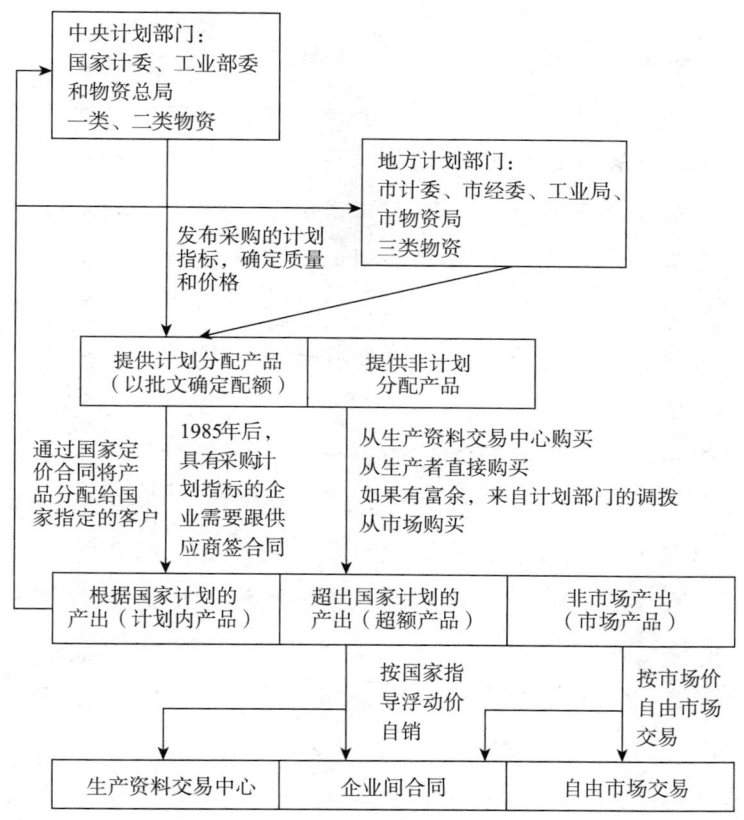

图 3-1 计划内和计划外投入/产出的交易关系
数据来源：1988 年 9~12 月的企业访谈。

tias，1988）时，这种情况很少发生，并且当分权实行时，主管部门的权力被削弱，尤其当它是中央部委时。

因为 1985 年后大多数企业很少有或没有供应的计划指标，供应就不能得到计划定单的保证。被迫寻找替代来源的企业愿意花高价买原材料，这就跟国家指定客户发生了竞争。有着战略原材料的卖方更喜欢拒绝国家计划并按照市场价销售物资，或者转向高利润产品的生产。就像章畔和张文中（1989：11）指出的：

> 在通货膨胀时期，国家计划很大程度上被弱化。因为计划供应不能在时间和质量上得到保障，企业发现自己很难按照国家计划完成任务产出。在这种情况下，甚至那些忠诚地执行国家计划的企业也被迫将任务计划转向市场，或者通过跟买方的"协议"来提高这些产出的价格，以便补偿原材料涨价引起的损失。

由于没有卖方打算遵守国家计划，有着计划供应定单的企业面临很多问题。卖方宁愿不服从国家定价，采用市场价。事实上，这种国家计划和市场的混合导致供应价格日益增长。在1988年上半年，生产资料的价格指数每个月上涨2%（王大勇，1989）。在1986年，钢铁产品的市场价超过了计划价格的50%至280%。从1979年到1986年，200种战略原材料价格上涨的累计边际收入高达2400万元（温桂芳，1989）。中国银行在1988年第一季度进行的调查显示，89%的重要大型企业厂长相信原材料的价格将继续上涨，95%的厂长担心将来运营资金短缺（王大勇，1989）。

当原材料价格疯涨时，企业尝试通过两种方式保护其利润。首先是增加其原材料储存，以确保生产。这又导致了市场上战略原材料的进一步短缺，并且也引起运营资金短缺，迫使银行收紧企业信用。其次是提高产品价格，这又引发了商品市场的通货膨胀。然而，厂长把原材料采购看作一个关键问题。[①]

[①] 王大勇（1989：16）认为，承包责任制的实行促使厂长们增加原料储存或产品涨价来保护利润，二者导致了通货膨胀。

辽宁省的一个调查显示，89%的企业干部认为资金、能源和原材料的短缺是最严重的管理问题。其中，40%的人说原材料价格上涨是他们所面临的最重要的不确定性（高雪春等，1989）。在1989年9月北京的一个大会上，28家中国最大的企业代表抱怨资金、战略原材料和能源的短缺最严重。另外，他们报告，他们的计划供应不再有保障，因为确保其供应的计划体制已经部分地被卖方对计划指标的忽视所损坏。例如，洛阳第一拖拉机厂仅仅收到其计划指标23%的钢铁，四川第一纺织轧钢厂仅收到计划供应指标的一半。为了弥补短缺，企业必须从市场购买剩下的部分，付出了超过计划价格75%的费用（中国企业管理协会，1989）。

二　1985~1988年6家企业计划指标变化以及采购决策

北京市经委把计划商品由1979年的858种减少到1987年的137种，包括国家计委控制的24种原材料。同样地，北京市物资局将物资供应从256种减少到21种。自1984年起，建立了9家生产资料交易中心，交易战略金属、化学药品、木材、汽车和机器产品（纪宗文，1988）。这在不同方面影响了企业。大多数中小企业根本没有计划指标，并且它们的产出不再服从国家体制的分配。对于这些供应来自市场的企业来说，原材料价格的上涨影响了总体生产成本并引起了整体经济效率的下降。从1985年至1989年，14个市工业局的总体利润从26.7亿元下降到11亿元，每年平均下降9.7%。这种低效率很大程度上归因于原料和能源的成本增加，它从

1985 年的 86.8 亿元上涨到 1989 年的 162.3 亿元。①

在本研究的 6 家企业中，计划指标对于两家大型企业依然重要，它们的生产处于部委和工业局的控制之下。其他企业开始依靠市场获得采购和销售。表 3-1 展示了 1985~1988 年 6 家企业计划指标在投入和产出中的比例。

表 3-1　6 家企业计划指标在投入和产出中的比例，1985 年和 1988 年

单位：%

企业	来自国家计划指标的采购供应		为国家计划制造的产品	
	1985 年	1988 年	1985 年	1988 年
汽车厂	75	64	84	70
电视机厂	80	60	87	82
重型电力设备厂	40	40	20	—
制药厂	—	—	—	—
音响设备厂	—	—	—	—
电力开关厂	—	—	20	—

数据来源：1985 年的数据来自 1988 年 9~12 月的企业访谈，1988 年的数据来自 1989 年 5~7 月的企业访谈。

这些企业在选择供应商和分销商的自主程度是不一样的。1988 年，汽车厂的大部分投入和产出依然处于国家和北京市汽车工业公司的控制之下。作为重要的电视机生产厂家，电视机厂服从电子工业部、商业部和北京市经委的控制。其他四家中等企业没有生产指标。结果，它们也没有供应的计划指标。一个例外是重型电力设备厂从机械电子工业

---

① 数据来自北京市财政研究所的"工业生产费用的变化及影响"，包含在北京市经委的《综合经济研究》（北京：北京科技出版社，1991：74~81）中。

部获得了一些供应，比如硅钢片。

对于6家企业来说，每家有两个采购决策被考察，1985年一个和1988～1989年一个。为了确保数据的一致性，这两个采购决策因为其相似性而被选中。例如，采购的类型在前后两个决策中相同（表3－2）。除了制药厂的两个农产品供应采购决策，其他决策都涉及战略原材料，比如塑料、钢铁和有色金属产品。这些原材料要么直接按计划指标购买，比如汽车厂和电视机厂的情况，要么由主管部门协调购买。

表3－2 采购决策及其周期，1985年和1988～1989年

企业	1985年 采购决策	周期（周）	1988～1989年 采购决策	周期（周）
汽车厂	在部委商品交易会采购钢铁材料	1.5	在部委商品交易会采购钢铁材料	2.0
电视机厂	从部委商品交易会购买一揽子元件	1.0	从外贸公司购买塑料元件	6.0
重型电力设备厂	从工业局购买铜	2.0	从部委外贸公司购买铜	4.0
制药厂	从贸易公司购买饲养蜜蜂的原材料	1.0	从分销商购买蜜蜂产品	1.0
音响设备厂	从工业局购买磁带	1.0	从工业局购买磁带	2.0
电力开关厂	从工业局购买薄钢板	2.0	从供应商购买薄钢板	6.0
平均周期		1.4		3.5

数据来源：1985年数据来自1988年9～12月的企业访谈，1988～1989年数据来自1989年5～6月的企业访谈。

三　1985年的决策过程

在1985年，企业原材料采购决策必须跟企业的年度计划协调，而年度计划跟由相关部委或工业局设定的国家计划紧密联系。结果，采购决策就是一个例行程序。那时，每家企业向工业局报告其年度生产计划，包括一个详细的供应清单。工业局通过跟其他计划部门的协调，包括部委、物资局和市经委，负责大多数原材料的采购。6家企业里很少有中断或延误。局级审批定单的标准程序是1至2周。电视机厂采购处长讲述了下面的决策过程："我们（1985年）的采购遵照工业局和部里审批的年度生产计划。我们的任务是拟定季度和月度计划并上报工业局，它们将我们的要求转给其他计划部门。市经委和部里将安排采购供应。"

在6家企业里，计划部门在采购决策中的作用很重要。部委和工业局保障供应，并监督买卖关系。供应通过定单的计划指标来保障，并且仅有少数供应商拒绝交付计划指标。由于工业局关心企业的绩效，它倾向于平衡其管辖范围内的供应。因此，重型电力设备厂、音响设备厂和电力开关厂能够从工业局获得原材料，尽管它们事实上没有采购的计划指标。电力开关厂的副厂长说：

那时（1985年），我们很少直接联系供应商。相反，我们把采购计划汇报给局里，然后等待送货。只有局里无法满足我们的计划时，我们才开始自己寻找供应商……1985年的市场不像1988年这样混乱。我们（在1985年）能够从部里和局里得到一些供应。供应商和分销商依然被国家规定捆在一起。

通过计划维系的外部环境稳定性有助于简化采购决策的内部程序。运营计划制定委派给生产和采购副厂长,而厂长一般不参与,制药厂是一个例外,厂长评估供应的质量和决定采购价格。表3-3描出了采购决策涉及的不同行动者及其功能。

表3-3　6个采购决策中的行动者参与及其职能（1985年）

行动者		决策数量（总数为6)	行动者在采购决策中的职能
外部	部委	2	批准国家控制原材料的定单交付、安排根据国家计划发出的供应交付、提供信息
	工业局	3	批准指标定单、安排根据国家计划发出的供应交付、跟其他部门协调、把原材料卖给企业、提供信息
内部	厂长	1	批准采购计划、决定专项采购
	副厂长	6	核定采购计划、参与商品交易会、挑选供应商、跟供应商谈判、决定采购
	采购处	6	拟定采购计划、跟工业局沟通、参与供应商谈判和挑选来源、在计划内决定采购细节

数据来源：1988年9~12月的企业访谈。

可能由于市场不完善,关于原材料供应的信息由计划部门严格控制。市场信息对企业干部不是很重要,因为大多数交易是在政府体制内进行的。很明显,除了制药厂,所有企业都从部委或工业局寻找信息。对企业干部来说,为了知道交付进程和价格,跟有关部门保持接触是非常重要的。

四　1988～1989年的采购决策

研究1988～1989年的6个采购决策可以跟1985年的决策进行比较。虽然涉及的是相似的供应，但是值得注意的是采购周期更长。平均时间从1985年的1.4周增长到1988～1989年的3.5周。企业花费时间探寻信息或寻找供应商。例如，重型电力设备厂在1988年花费3周收集信息来比较国内价和国际市场价。电视机厂为了获取信息派一个小组到部委，它几乎花了5周让干部做出决定，因为他们必须分析原材料和价格信息。相反，制药厂展示了快速决策如何做出的案例，干部被迫在3天内安排一个定单，因为它的供应储存正在耗尽。

灵活的采购计划 VS. 不稳定的环境

决策花费时间跟每个企业采购计划的灵活性和环境的不稳定密切相关，在这个环境里原材料供应缺乏。正如本章第一节描述的，当国家对原材料供应和企业生产的控制放松以及部分国家供应由市场接管时，企业就转而负责管理它们自己的生产和供应。结果，它们有大量的替代性采购来源。在1988～1989年，主要有以下5种关键原材料来源。

- 部委商品交易会，通过定单。
- 工业局、计委等市政府部门控制的地方供应渠道。
- 长期买卖关系——例如买方可以在供应公司投资并获得优先购买权，或者可以形成一个工业联营，成员享受优先购买权。
- 从作为部/局子公司的外贸公司进口，条件是企业支付外汇。

- 直接从市场采购，例如通过生产资料交易中心。

企业依附每个来源的重要程度有所不同。表3-4展示了1988年6家企业的调查问卷结果。两家大型企业依然直接或间接地依靠计划部门控制的来源，但是它们的情况不一样。汽车厂需要大量的钢铁产品。虽然部委发出了钢铁供应的计划定单，但是在商品交易会上汽车厂的采购处长发现最重要的供应商拒绝接受它们的定单。采购处长评论：

> 我没有选择，甚至价格比国家定价高。这是因为商品交易会上只有几家供应商。一些供应商还卖不了我想要的东西。因此，只要我发现一个供应来源就必须买。然而商品交易会也有一些优势，因为我能在商品交易会上很方便地碰到一些重要的供应商。否则，我必须全国出差去逐个考察它们每一家。

表3-4 不同供应来源在6家企业中的重要性（1988~1989年）

企业	供应来源类别				
	(A)	(B)	(C)	(D)	(E)
汽车厂	5	4	4	1	1
电视机厂	5	4	3	2	1
重型电力设备厂	4	4	3	3	1
制药厂	1	2	3	2	5
音响设备厂	1	4	4	2	2
电力开关厂	3	1	3	2	2

注：(A) 计划指标分配的供应；(B) 来自工业局等地方计划系统的供应；(C) 长期买卖关系中的供应商特定安排；(D) 从外贸渠道进口；(E) 市场交易。
1 = 不重要，2 = 有点重要，3 = 重要，4 = 很重要，5 = 非常重要。
数据来源：1989年5月的企业访谈。

这位处长指出，他在商品交易会上仅仅能完成其需求的40%。为了剩下的60%，无论何时需要原材料，他必须去拜访重要的供应商。结果，汽车厂厂长决定在一家钢厂购买股份，以便安排特供。

由于市场上彩电稀缺，电视机厂在6家企业中组织得最好。它跟供应商安排了相互交换以确保关键采购：它分配一些彩电给电视显像管的供应商，后者则保证供应。另外，这家企业跟部委和市计委在采购的计划指标上有很强的交易能力，比如进口。这种作为供应保证的企业间联系在重型电力设备厂也能看到。它跟部委和工业局保持紧密联系以获得战略资源，但是它也为了有保障的长期供应帮助其硅钢板供应商之一在北京购买资产。

行动者参与

就像表3-5显示的，行动者参与和职能的变化是很明显的。自1985年以来，除了汽车厂，厂长增加了在采购挑选和批准中的参与。在汽车厂的案例中，副厂长和采购处长参加商品交易会，他们在跟厂长的日常沟通中汇报供应详细情况和寻求建议。一般来说，财务处和生产处也参与决策过程，因此让内部过程更加复杂。例如，在电视机厂，当采购由外贸公司负责时，财务处长就要参与，提供外汇储存的建议。当银行开始收缩信用控制时，厂长被迫面对运营资金的短缺。这样，连同原材料价格的上涨，迫使他们限制采购上的花费。

表 3-5　采购决策中的行动者参与及其职能（1988~1989 年）

行动者		决策数量（总数为6）	行动者在采购决策中的职能
外部	部委	3	在汽车厂、电视机厂和重型电力设备厂，批准国家控制供应的定单、核定企业目标、协调其他部门、给企业卖物资、提供信息
	工业局	1	批准国家控制物资的定单、提供信息
	其他企业	2	在重型电力设备厂和制药厂，提供信息
内部	厂长	5	批准采购计划、决定专项采购
	副厂长	6	核定采购计划、参与商品交易会、挑选供应商和跟供应商谈判、决定采购细节
	财务处	6	提供运营资金的信息和可用的财务资源
	生产处	1	在制药厂，提供可利用生产的原材料储存信息
	采购处	6	拟定采购计划、跟工业局沟通、参与供应商谈判和挑选来源、在计划内决定采购细节

数据来源：1989 年 5~7 月的企业访谈。

一个值得注意的现象是企业间的关系：外部企业经常通过联网提供信息。重型电力设备厂的一个采购决策是由处长提供的信息引起的，他建议企业购买一些铜，因为他相信铜价格会涨。然后，采购处长就试着从部委获得更多信息。另一个例子是制药厂，其采购处长说："这个（购买）决策是我在公司（工业局）里的一个朋友促成的。他问我是否可以购买他有的一些原材料。他知道我要什么。虽然价格高，但是我没有太多选择，因为我们仅有够一周生产的原材料。"

跟供应商的私人关系很重要：因为战略原材料在卖方市场里，买方在挑选供应商时没什么权力，并且供应商会优先供应那些跟他们有良好关系的客户。就像音响设备厂的采购处长所说："钢带经常断货。寻找买家根本没有问题。因此，供应商根据跟他们的（私人）关系选择买家。"

跟相关部门的关系

也许最明显的变化体现在企业跟工业局的关系中。一些部委和工业局成立了自己的贸易公司，由以前的官员担任负责人。电视机厂和音响设备厂的上级工业局成立了两家商业公司：市电子材料供应公司和市电子销售公司。利用它们跟工业局的关系，两家公司能够获得国家计划下的战略原材料，并把它们在一定利润基础上卖给下属企业。它们也能利用工业局身份以较低价格从企业订购产品，并把它们在市场上出售。这些贸易公司通过工业局身份以国家定价在电视机厂采购了彩电的10%，然后以浮动价或市场价分销。

其他企业仍然在一定程度上为了协调或信息依靠部委或工业局。重型电力设备厂的关键原材料被国家控制，因此它通过工业局采购，但是跟1985年不同，现在必须支付市场价或服务费。就像采购处长所说："那时（1985年）我们依然依靠工业局的保护。当工业局（在1985年）跟下属工厂打交道时，它不再追求利润。但是它现在开始跟我们要2%～5%的服务费，并且以市场价卖给我们原材料。"

在6家企业中，工业局的角色变化值得注意。一方面，工业局开始它们自己的生意，另一方面它们维持对企业的职权。结果，如果想获得战略原材料，跟工业局的紧密关系就很重要。为了获得战略原材料，电力开关厂跟局贸易公司共享其办公楼。音响设备厂的采购处长说："我们跟局里的关系非常好，当它们从国家获得计划供应时会考虑我们的需要。"甚至从市场购买原材料的制药厂，也跟工业局维持良好的关系。就像采购处长所说：

局里比我们知道得多。我们仅仅跟少量企业、工厂和农民个人有联系，但是局里就不同。在改革前它是分配者，并且从下属企业收集定单。（因此）它有企业采购的详细情况，比如每样商品的数量和质量。当它跟其他局和部委接触时，它知道其他地方和全国发生了什么。最后，它能预见什么正在变得短缺，什么地方的控制将被放松，等等。

在电视机厂和重型电力设备厂，计划部门作为信息来源的角色非常明显。在部委的商品交易会期间，电视机厂的一位处长收到部委职员的一条信息，指出部委正在减少一种特定塑料原材料的进口，并且此后将由国内一家生产企业供应。这家企业喜欢进口原材料，因为其高品质。这位处长随后拜访了部委跟踪这条交谈中的信息，同时从市场获得一些信息。当价格开始上涨时，这位处长向厂长报告了他的发现，并推荐进口大量的塑料。重型电力设备厂的采购处长也派一个小组从部委收集信息，因为后者"了解国际市场"。

五　讨论和小结

采购是一项重要的交易，它跟企业运营的经济环境紧密联系。对1985年和1988～1989年6家企业的采购决策的比较显示，中国不完全的市场改革创造了一个非常复杂的环境。1988～1989年的企业比1985年有了更多的替代供应来源，来面对短缺和通货膨胀的不确定性。这些变化引起了决策过程在时间周期、行动者参与及其职能上的变化。1988～1989年的决策过程变得更加复杂，并且采购过程变得更长。

厂长更活跃地参与并且有最后决定权，但是1985年的大多数决策都由副厂长做出。另外，更多部门参与决策过程，提供信息和建议。

然而，关键因素是企业跟计划部门之间的关系。后者在资源分配中依然起着主导作用，但是它们也开始参与贸易。结果，企业对工业局的依赖就很重要。此外，对企业来说，能够在计划体制中依赖信息来源非常关键，因为市场信息不容易获得。因此，国家计划和市场的混合形式不仅限制原材料分配，而且，更重要的是，它限制了对于采购决策非常关键的信息流动。

第四章 定价决策：经济动机和社会约束

一 不完全的市场改革和价格双轨制

在分析企业内部定价决策过程之前，了解国家如何控制价格以及改革活动面临什么问题是非常关键的。1978年之前，大多数工农业产品的价格都由计划部门独自决定。截至1978年，超过97%的零售日用品和100%的工业品都有国家强制性定价（邹向群，1993）。就像吴敬琏（1992：206－207）所说：

> 在中国社会主义计划经济体制下，资源和原材料的调动都是由行政命令协调的，其大部分应用物理量（比如吨）作为工作指标（结果），价格体制没有按照需求和供应之间的关系建立，而是根据行政命令支配。基本消费品的价格为了保证基本生活标准而决定，并且生产者仅仅为了增加（国家）收入和/或减少通货膨胀而调整价格。

强制性国家定价的一个重要原因来自政治和社会考虑。价格的概念被看作"资本主义"，并且很长时间里大多数政策制定者和许多经济学家相信，社会主义经济是一种产品经济，价格应该被废除。[1] 伴随着这种政治意识形态，为了维持满意的生活标准，领导者有意压低农产品和消费物资的价格（田源、乔刚，1991；吴敬琏，1992）。

当1970年代末开始经济改革时，价格改革就提到了政策日程上。1979年国务院经济体制改革办公室提出了一个总体改革意见。这份意见提议国家应该改变价格控制。国家的任务将是维持对战略原材料的价格控制，大多数工业品和生活资料将在市场交易，在那儿它们的价格将由买卖双方决定。[2] 目标在于转型时期国家能够控制服从国家计划的战略产品价格，市场在少数重要产品的价格决定中起有限作用。这种国家控制和市场机制之间的折中被接受，并发展为"先调后放"（田源、乔刚，1991）。从1979年到1984年，价格改革通过国家放松对少数农产品、生活资料、运输货物和少量原材料的控制开始。

从1984年开始，随着放权活动开展，让市场发挥更大影响，改革开始加速。价格双轨制[3]区分了三个价格领域：①国家给国家计委和工业部委控制的一类和二类产品定价

---

[1] 1978年之前，中国有过几次改革价格系统的尝试。孙冶方是第一个提议用价值规律指导计划制定的经济学家，这意味着价格成为资源分配的杠杆和产品交换中的价值决定因素。1960年代初，孙冶方提议使用价值规律作为企业绩效的衡量方法，经济指标包括成本、价格、生产效率等。然而，这些观点未被考虑。参考Riskin（1987：158－169）、孙冶方（1980）和吴敬琏（1992）。

[2] 参考国务院经济体制改革办公室（1979）。这份文件是对国务院经济改革政策的提议。

[3] 参考Diao（1987）和国务院经济体制改革办公室（1979）。价格双轨制的概念起源于这份1979年方案。但是，到1984年10月20日中共十二届三中全会之前，它一直没有被政府选作价格改革的主要措施。中共关于经济结构改革的决定强调减少国家定价，并把定价自主权下放给地方政府和企业。

（参考第三章第一节）；②对"超额产品"的国家指导价或浮动价；③市场价，适用于农产品和日用品。

价格的放松通过两种方法实现。第一种方法是减少国家控制和把价格决策下放给企业，这是放权活动的一部分。1984年5月，国务院决定企业可以以高于国家定价20%的浮动价出售其超额钢铁、机器和电子产品。1985年1月，这20%的限制被废除，原材料和大多数工业品的价格由买卖双方确定。从1986年起，国家进一步放松对工业消费品价格的控制，比如纺织品、自行车、音响设备、家用电器和黑白电视机。生活资料的国家定价比例由1978年的97%下降到1988年的50%。在同一时期，重工业产品的国家定价从100%下降到60%（吴敬琏，1992）。企业的定价决策自主权由国家价格和市场价格共同影响，而自主权程度由产品类别决定。如果一家企业的产品不属于国家控制，它可以决定价格。但是，如果其产品属于国家控制类别，或者它们由部委分配，这种自由就会被限制。因此，价格决定机制比以前更加复杂。

第二种方法是把行政权力下放给地方政府。截至1986年，中央政府已经（从1998种中）分派240种产品给地方管理部门（温桂芳，1989）。地方政府代表国家指导战略产品的价格和监督企业的定价决策，但是这引起了很多问题。因为地区经济发展差异，地方政府的影响也不同。市场越发达的地方，地方政府干预越少。例如1988年的广东，它建立了最早的市场经济，地方政府控制少于25%的农业物资、20%的生活资料和30%的工业品的价格（张卓元，1988）。但在1986年经济欠发展的山东，所有产品中38%的价格都控制在地方政府手里（田源、乔刚，1991：205）。这种不一致的分布意味着同一个产品在不同地区具有不同的价格。

自1987年起，提倡放开价格的激进措施被快速的通货膨胀所中止（Fan，1989）。由于农业物资、原材料、铁路储运的价格在传统上被国家控制得很低，只要国家定价一放松，这些行业的价格就快速上涨。从1979年到1986年，钢铁价格平均上涨7.5%，相当于22.5亿元（温桂芳，1989；朱敏，1988）。那时原材料和运输价格上涨速度超过了生产成本，引发价格上涨和最后的通货膨胀。1987年，所有价格上涨了7.3%。1988年，平均零售价上涨了18.5%。对通货膨胀的害怕最后导致了1988年的抢购。[1] 这种不稳定迫使领导放弃对价格的放开，并再次控制价格（田源、乔刚，1991）。[2] 1988年9月26日，中共十三届三中全会宣布将"调整经济状况"（孙健，1992），标志着国家重新控制经济活动。

中国价格改革的主要困难在于市场的高度不完善和国家计划对定价的干预（Fan，1989）。1988年，国家仍然依靠两个行政体制控制价格。第一个行政体制是价格管理部门。负责部门是国务院和国家计委下面的国家物价局。它制定价格政策和拟定价格控制规定。地方物价局对国家物价局和地方政府负责。虽然地方物价局跟企业没有行政关系，但是它控制所有产品的价格。这使得物价局能够干预交易过程和惩罚那些违法定价的人。为了控制价格，物价部门建立了三个正式程序。第一，任何国家设定的产品价格都必须由相关部门

---

[1] 田源和乔刚（1991）通过改革设计、问题和统计的系统分析考察了从1978年到1990年的价格改革。他们注意到，从1986年到1988年的抢购在不同地区都有出现。

[2] 田源和乔刚（1991）调查了14个地区的281家企业。他们发现，大多数企业都把其成本上涨转移到价格上。

批准。1985年之前，大多数情况下都是工业部委或工业局批准，但是随后报备给物价局。第二，浮动价必须在物价局登记。第三，市场价必须在物价局报备，如果需要，物价局可能会考察或予以改变。下面的例子展示了物价局的权力。在1989年2月，北京市政府决定重新集中价格审批并冻结任何价格上涨。[1] 结果，所有价格上涨，包括物价局监督的市场价。

第二个行政体制是通过负责企业价格形成的部委和工业局。[2] 无论何时企业想要制定或改变价格，部委或工业局有责任审核价格方案，以便判断是否应该提交给物价局。

因此，和市场机制[3]一样，企业价格决策是行政管理部门复杂网络的一部分。内部文件编制过程协调了相关部门和企业的活动。内部文件通过①计划等级中不同水平的垂直渠道和②不同部委和局之间的水平连接传递给机构和国家组织。[4] 这些文件包括广泛的主题，主要有国家政策、规章制度、来自上级的指令/指示、上级部门对下级问题做出的决定、通知等。内部文件可能由一个或几个部门发布。文件下达到厂长、党委书记等个人和跟文件相关的组织。[5] 在定价决策中，内部文件在传达关于国家政策、规章和国家制定价

---

[1] 1989年5月在企业和北京市政府的访谈和档案显示：1980年2月28日，北京市政府发布了关于重新集中价格审批的规定。
[2] 在具体情况中，工业部委可能派观察者到大型钢铁企业。这是北京市政府为了控制钢铁价格而采取的行动。
[3] 这里的"市场机制"一词涉及由买卖双方的直接谈判决定的产品和服务交易的制度设置，其上面没有管理部门。
[4] 一家国营企业向上级部门提交的报告不属于内部文件，因为中国的内部文件仅仅指国家发布的书面文件，并且通常来说是局级以上的几个单位。
[5] Oksenberg（1987）注意到，中国行政体系内的沟通系统松散整合，那里存在一套在政策过程不同阶段使用的复杂渠道。它依赖垂直沟通和保密，并且是直接垂直的。高层和基层的沟通没有效率，并且地方局有他们自己任务和技术方面的沟通渠道。

格的信息上特别有效。例如，1985年5月4日，国家物价局传达一个关于彩电价格控制的文件。第二天，国家物价局和电子工业部联合发布另一个限制彩电价格上涨的文件。两个文件下发给地方物价局、电子工业局、国家供销商和彩色电视机厂。

另外，国家启动了调查非法价格的具体方案。1987年，国务院组织了三个全国性价格考察的方案：①4月的审计计划，国务院派了工作组去16个大型钢厂考察钢铁价格；②5月20日的代表团，国务院派了工作组去27个省份考察战略原材料；③10月的全国性运动调查财务、税收和价格。后者变成了年度运动，变成了实施这些问题的有效武器。它得到了很多部门的支持，包括最高人民检察院、国家经委、国家计委和国家工商总局。1987年，对60万个非法定价案例的罚款总数超过8亿元（朱敏，1988）。

从1978年到1988年的价格改革显示，价格决定是一个国家控制和市场需求之间的平衡，并且国家定价跟市场价相冲突。参考第三章，大多数情况下国家价格控制使用在战略性物资或稀缺产品上。换句话说，国家控制用在了需求超过供应的卖方市场。一般来说，卖方市场的价格都高于国家定价。因此，从逻辑上看，企业选择高价是为了最大化利润。然而，国家通过行政措施迫使企业遵守国家政策。结果，国家干预限制了定价决策。

二 1985年和1988年6家企业的定价决策

定价决策中的企业自主权依赖于其产品类型，产品类型

第四章 定价决策：经济动机和社会约束 | 065

又决定其价格领域。随着价格改革的进行，越来越多的产品从国家计划转到了市场。这也发生在本书研究的6家企业中，从1985年到1988年，国家放松了对价格的控制。1985年，除了制药厂，其他企业只有非常有限的价格自由，它们的大多数产品的价格都是国家定价或浮动价。跟放权活动一起，价格放开给定价带来了更大的自主权。在1988年，除了汽车厂生产的运输车和电视机厂制造的彩电，所有产品都以市场价销售。表4-1展示了1985年和1988年6家企业主要产品的主导价格领域。

表4-1 1985年和1988年6家企业的主要产品类别及其价格领域

企业	主要产品	产品价格领域	
		1985	1988
汽车厂	运输车	国家定价	国家定价
电视机厂	彩色电视机	国家定价	国家定价
	黑白电视机*	国家定价	市场价
重型电力设备厂	电气设备	国家定价	市场价
制药厂	保健品	市场价	市场价
音响设备厂	音响设备	浮动价	市场价
电力开关厂	开关	国家定价	浮动价

* 1986年国家物价局宣布，黑白电视机以浮动价放开。
数据来源：1985年的数据来自1986年和1987年中欧国际工商学院的MBA项目报告和档案、1988年10月的企业访谈和档案；1988年的数据来自1988年10月的企业访谈和档案。

在6家企业中，1985年和1988年相同产品价格决策的变化被挑中进行分析，表4-2展示了结果。按照价格决定原则，这12个决策可以分为三类。第一类是新产品定价。1985年，电视机厂、重型电力设备厂和音响设备厂的三个决策就是这类。1988 年，这类决策只有一个——电视机厂为现有产品开发了一个新功能，适用于新产品定价。第二类是按照成本－利润准则，也就是利润最大化的基本原理改变现有价格。共有 7 个决策是这种类型：汽车厂、制药厂和电力开关厂 1985 年和 1988 年的决策，以及重型电力设备厂 1988 年的价格上涨决策。第三类是为在竞争激烈的市场中存活而做的必要调整，这是对市场压力的反应。例子是音响设备厂为了保持市场竞争力在 1988 年的降价。

表 4－2　1985 年和 1988 年 6 家企业的定价决策

企业	1985 年的价格决策	1988 年的价格决策
汽车厂	钢铁产品的涨价导致了产品成本的上涨，企业决定提高其汽车价格	由于原材料价格上涨，计划部门提议提高产品价格。厂长让计算出一个新价格，然后提交给工业局批准
电视机厂	企业开发了一种新产品。在模型投入生产前，在成本价格说明基础上提出了一个价格	企业为彩电开发了一个新功能，然后向工业局和部委申请新价格
重型电力设备厂	企业遵循部委新产品开发计划，投产了一个新的变压器	原材料成本的上涨导致了生产成本的上涨，企业调整其产品价格
制药厂	当其保健品增加时，企业干部决定为了获得更多利润涨价	财务处发现包装材料价格上涨了。提出了一个新价格并报告给厂长
音响设备厂	投产音响设备的新模型后，企业决定价格	由于市场价格战，企业被迫降价。副厂长决定以低价销售存货
电力开关厂	钢材的涨价迫使企业产品涨价	销售人员报告其他生产企业的涨价。企业决定涨价并寻求物价局的许可

数据来源：1985 年的数据来自 1988 年 10 月的企业访谈和档案，1988 年的数据来自 1988 年 10~12 月和 1989 年 4 月的企业访谈和档案。

第四章 定价决策：经济动机和社会约束 | 067

表4-3 1985年和1988年价格决策中的行动者参与及其职能

行动者		决策数量（总数为6）		行动者在采购决策中的职能	行动者跟价格决策三种类型的关系
		1985年	1988年		
外部	部委	3	1	新价格的批准和国家产品的价格变化	三种类型中，只有国家定价的产品
	工业局	5	3	属于国家控制产品的首先批准	三种类型中，只有国家定价的产品
	市物价局	1	3	地方政府控制产品价格的最后批准	大部分关于国家定价的上涨
	厂长	6	5	国家控制价格的内部批准，市场价格的最后批准	价格上涨，但不存在于1988年影响设备厂降价的决策中
	副厂长	6	6	价格方案的评估以及跟厂长讨论推荐价格	设定新价格、涨价和降价
	财务处	6	6	参与价格制定，主要在价格评估和跟厂长的讨论方面	任何价格决策，包括新价格、涨价和降价
内部	技术处	3	1	拟定新产品成本说明的价格方案	设定新价格
	计划处	—	1	拟定价格方案	汽车厂的涨价
	采购处	—	1	按照原材料成本数据估价	汽车厂的涨价
	生产处	1	—	按照生产成本拟定新价格方案	电视机厂的设定新价格
	销售人员	—	1	在市场调查基础上提议新价格	电力开关厂的涨价

数据来源：1985年的数据来自1988年10月的企业访谈和档案，1988年的数据来自1988年10~12月和1989年4月企业访谈和档案。

这些例子显示，价格决策是由具有特定利益的行动者出于不同原因做出的。但是，当他们的产品同时属于国家控制和市场时，国家的角色必须考虑。表4-3列出了涉及部委、工业局以及企业部门的决策。三种趋势可以得到确认。第一个趋势，随着时间变化，相关政府部门的参与在减少。1985年，三个决策涉及部委和五个决策涉及工业局，仅仅制药厂是个例外。截至1988年，这种参与已经减少。只有电视机厂的决策依然需要部委的批准，汽车厂和电力开关厂的决策已经下放到了局级。三个决策由企业干部做出。相关政府部门的参与跟产品类型直接相关。如果产品价格由国家制定，改变价格时需要来自国家的批准。

第二个趋势是物价局获得了更大的价格控制权力。就像表4-3指出的，物价局参与的决策数量从1985年的1个增加到1988年的3个。这意味着价格控制从工业部委转移到了职能部委。

第三个趋势是厂长和副厂长变得更加活跃。与1985年相比，截至1988年，副厂长更多地参与到价格评估和跟相关部门的协调中。财务处在三类产品决策中起到了非常关键的作用，提供成本价格说明和评估提议价格。技术处在新产品价格上帮助决策，可能因为它报告新产品开发中产生的成本，并需要在早期准备成本说明。具有讽刺意味的是，1985年没有销售人员参与价格决策，1988年也只有电力开关厂有销售人员参与。这部分是因为价格被看作财务问题，而不是营销决策。

国家控制的变化影响价格决策的效率，这一点从决策过程的时间框架就可以看出。表4-4比较了12个决策从最初的正式提议到最后批准的周期。

表 4-4　1985 年和 1988 年 12 个决策中的时间长度和决策活动

企业	1985 年 周期（周）	1985 年 决策活动	1988 年 周期（周）	1988 年 决策活动
汽车厂	6	部委批准 4 周，物价局登记 2 周	16	内部不同方案的讨论和挑选 3 周，工业局批准 4 周，物价局批准 9 周
电视机厂	12	价格申请的内部准备 4 周，包括提议设计和评估，工业局和部委批准 8 周	16	内部提议、设计和评估 4 周，工业局批准 4 周，中央部委和国家物价局批准 8 周
重型电力设备厂	8	部委批准 1 个月	6	厂长和财务处长的内部讨论大约 4 周，弄清工业局对问题的定位 2 周
制药厂	2	非常快的批准——财务处长提议 2 周	4	财务处长和副厂长的讨论 1 周，跟厂长的其他会议 2 周，厂长的最后决策 1 周
音响设备厂	6	提议和评估 2 周，工业局的批准 4 周	3	从方案的提交到副厂长决定价格 3 周
电力开关厂	6	内部提议、设计和评估 2 周，工业局批准 4 周	8	收集客户反映 3 周，跟物价局交换意见 3 周，物价局批准 2 周
平均周期	6.7		8.8	

数据来源：1985 年数据来自 1988 年 10 月企业访谈和档案，1988 年数据来自 1988 年 10～12 月和 1989 年 4 月的企业访谈和档案。

决策过程的平均时间从 1985 年的 6.7 周增加到 1988 年的 8.8 周。两个案例（汽车厂和电视机厂）涉及国家批准，并花费更长时间。这不奇怪，1988 年国家尝试通过冻结价格控制通货膨胀。但是，企业内部的决策也花费较长时间，就像重型电力设备厂和制药厂的案例。在这些决策中，企业也处于来自国家的压力下。两个决策在1988年花费了较少时间。虽然电力开关厂的案例涉及了物价局，但是进行得相对较快。另一个是音响设备厂的案例花的时间比以前还少，因为企业想尽可能快地销售其存货。

下面的详细考察展示国家控制和市场需求如何影响三家企业的价格决策过程。第一家是电视机厂，它在价格决定上只有最少的自主权，因为产品价格被国家严格控制。第二个是制药厂，它最早向市场开放，1985年和1988年的决策都由其市场地位决定。第三个是音响设备厂，它的第一个价格决策由工业局控制，然而第二个决策来自市场竞争。

三　国家控制下的价格

在研究的12个决策中，电视机厂的两个决策花费时间最长也最复杂，涉及了大量部委和工业局。这种严格的控制源自彩电的国家政策，因为彩电供应是短缺的。为了避免涨价，国家设定了生产价和分销价。在电视机厂的案例中，80%的产品由商业部订购，然后分配给其全国的批发商。另外15%的电视机由市计委和工业局领走。剩下5%由企业作为超额产品销售。国家分配和企业销售的价格由电子工业部、商业部和国家物价局三个中央部委联合制定。国家对价格的控制从1985年持续到1988年。因此，电视机厂的两个价格决策具有相似的批准程序，就像图4-1展示的。

跟价格决策相关的活动可以分为四个阶段。第一，技术处拟定一个意见——一个说明定价依据的正式说明。第二，在其意见中，技术处在成本计算基础上提出一个推荐价格。第三，推荐价提交给财务处评估，并且财务处长和副厂长核

第四章　定价决策：经济动机和社会约束 | 071

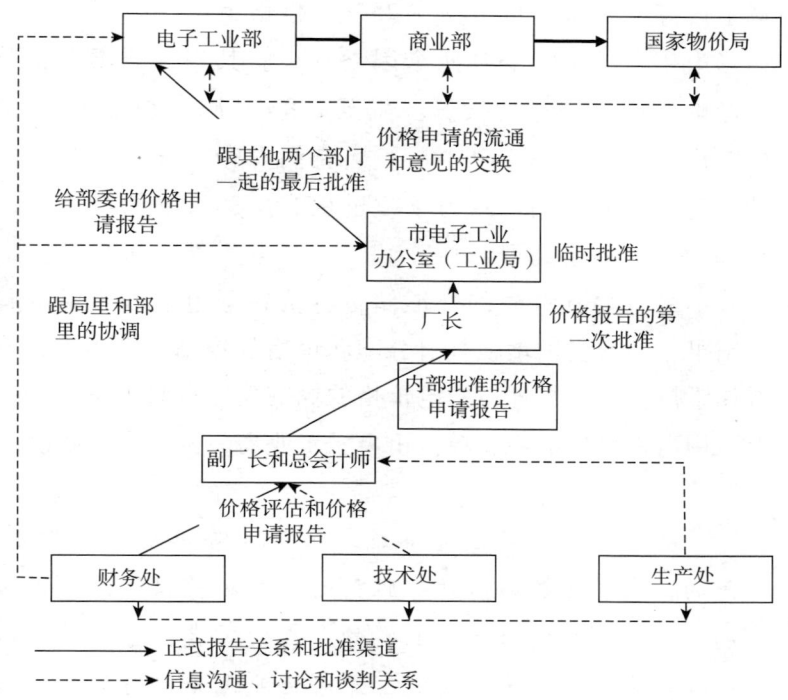

图 4-1　1985 年电视机厂新产品价格的决策过程
数据来源：1988 年 12 月和 1989 年 4 月在电视机厂的访谈和档案。

查成本细节。安排内部会议，各位处长进行讨论。最后，在送给上级做最后审批之前，价格说明先送给厂长批准。

使这个过程变得复杂的是国家对价格的控制。在 1980 年代，彩电的巨大需求导致了销售价的上涨，因为供应是有限的。① 国家希望把彩电价格压低到普通家庭能承受的水平。但是，这个控制有一个未曾预料的后果：当需求过度时，市场价上涨得比国家定价更高。例如，电视机厂的一种产品在

---

① 彩电的短缺是由进口元件的短缺引起的，因为大多数彩电生产线是由国外公司建立的。

市场上以高于国家定价15%～25%的价格销售。

彩电生产的扩大受到两个因素约束。其一，国家希望避免在彩电生产上的过度投资。截至1987年底，共有57个主要生产厂家和超过100个小厂。当它们没有一家达到令人满意的经济规模时，国家致力于改进现有生产厂家的产品质量生产和效率，而不是开新厂。其二，彩电元件是进口的，但是国家不愿意将其有限的外汇储备花费在彩电这种生活资料上。结果，国家尝试增强其对分配和价格的控制。因为它把价格看作维持稳定的杠杆，彩电价格的标准建立在政治考虑的基础上。用电视机厂的主管单位市电子工业局一位官员的话说：

> 关于价格，我们考察成本细节并给出我们的意见。是的，我们理解高通货膨胀引起原材料价格上涨。因为利润合同是我们局跟企业签的，我们对我们企业的利润绩效负责任。但是，我们不能对企业无论何时的涨价需求都同意。对一些产品，比如工业品，决策也许比较容易，因为它很少对社会有直接影响。但是彩电的情况不一样，因为它们的价格对公共意见依然敏感。人们可能因为彩电的高价而抱怨国家。在这种情况下，我们非常小心。我们跟北京以外的城市比较我们的价格。如果我们的价格比人家高，我们将不允许涨价。如果我们的价格低，我们也许会向部里递交（申请新价格的）提议。

部委也持这样的态度，把产品价格看作社会稳定的指标而不是市场需求的信号。财务处长回忆，当部委人员听到企业申报更高价格时就会特别紧张。从1987年到1988年，部委发布了四个强调彩电价格控制的通知。部委、工业局、彩电生产厂家和分销商中发布的内部文件强调冻结彩电价格。价格的任何改变都需要三个部门的共同批准。这些措施导致了 1988 年漫长的批准过程。

价格控制的刚性导致冲突，因为低价减少了边际利润。这就产生了部委和企业之间的谈判。就像 Montias（1988）注意到的，垂直中央计划体制的特征之一是谈判关系，企业可以跟任务和资源分配的计划者谈判。在企业采用要求企业维持足够利润率的承包责任制后，电视机厂的谈判能力被加强。在 1988 年的决策中，企业干部跟部委争辩，它们的价格应该保证足够的利润，否则企业将无法完成利润合同。安排了很多场讨论来考察成本细节，并比较企业跟其他生产厂家的价格。在跟部委的复杂互动中，"跟部里和工业局保持良好关系"是通常的做法，并且作为非正式联系，个人关系也广泛用于促进批准。在说服部委人员接受企业想法时，个人拜访和打电话非常有用。

电视机厂的案例展示国家政策如何直接影响企业管理。它也显示，国家干预程度在两种情况下增加：其一，产品处于卖方市场，并且市场价高于国家定价；其二，经济变得不稳定时，国家必须控制市场。当国家尝试通过冻结价格的手段减少通货膨胀时，尤其如此。结果，可以想象，1988 年的涨价批准比 1985 年更困难，即使在批准权下放给地方政府后。

在 1988 年汽车厂和电力开关厂的两个决策中，价格控制的权力由工业部转到了工业局。汽车厂 1988 年的价格由地方局管理，但这并未加快其流程。跟电视机厂一样，批准花了好几周，正如一位汽车厂的处长回忆的，"在 1988 年，涨价不讨人（国家）喜欢"。这意味着，1985 年的涨价因为价格放开比较容易接受。

1988年的漫长过程也是由于物价局参与引起的，物价局本来就是增加国家控制的另一个因素。一位处长这样形容它。1985年，企业只要伺候一尊"神"——工业局。1988年，它们需要面对好几尊"神"，如工业局和职能局。如果任何一个部门怀疑价格申请，企业必须从新的成本说明开始重新全部程序。然而，谈判关系也是很明显的。汽车厂的公共关系部门邀请物价局人员参观生产基地，同时高层管理人员也游说市经委协调其他局的批准。

管理部门的权力也扩展到对个别价格决策的干预，甚至在企业没有计划指标产品时，比如电力开关厂1988年的决策。其产品过去是部委产品之一，但是1986年向市场放开了。企业干部认为价格不再需要国家批准，但是物价局坚持考核其情况，坚称需要审批。副厂长是物价局一位高级官员的老朋友。他用这层关系请他朋友"盯着这个案子"。结果，仅花两周就拿到了批准。

四 市场操作

上面已经说过，1988年的价格决策时间更长，甚至不在国家价格控制下的企业也是如此（例子是制药厂的产品向市场投放，其价格由供需决定），因此考察为什么会这样很有必要。

制药厂的战略产品是一种保健饮料。理论上，企业有权力决定价格，没有来自计划部门的干涉。在1980年代，制药厂通过改善产品质量和成功的营销战略成为市场领导者。因此，它的两个涨价决策由其经济绩效决定，并且都由厂长决定，没有部委和工业局的参与。这些决策过程并不复杂，因为只有三个行动者参与，财务处、副厂长和厂长。图4-2描述了1988年的价格决策过程。

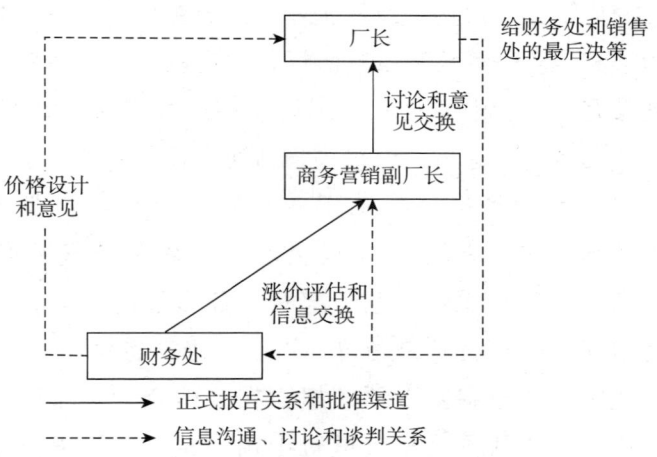

图 4-2 1988 年制药厂的涨价决策过程
数据来源：1988 年 10 月和 1989 年 4 月在制药厂的访谈和档案。

过程跟在电视机厂识别的四个阶段相似。初期，财务处拟定一个设计价格的意见。这个推荐价格随后由副厂长评估，并最后由厂长批准。这里不需要国家批准。因此，厂长同意之后，它就传达给分销商。1985 年和 1988 年的过程区别在于花费的时间：1985 年 2 周，1988 年 3 周。

这个额外的一周时间有两个原因。第一是企业的市场位置。1985 年，这家企业享有市场领导者地位，并且产品需大于供。企业决定为了获得更多利润而涨价。因此，就像财务处长回忆的，这个过程很快，因为企业干部渴望这么做。

从 1986 年开始，市场充满全新进入者，其领导者地位受到挑战。保健饮料厂的数量从 1984 年的 150 家增加到 1988 年的超过 400 家，并且商店里有着数千种相似的产品。虽然企业想要压低价格增加销售，但是 1987～1988 年原材料成本的上涨损害了获利情况。财务处长注意到，包装成本上涨了

24%。因此，他提议涨价以保持盈利。但是高层干部犹豫，因为已经变成了买方市场。虽然企业依然提供优质产品，但其市场份额被其他竞争者逐渐蚕食。厂长对更高价格是否将为消费者接受没有把握。财务处长、副厂长和厂长进行了几场讨论，以确定市场情况。结果，价格决策周期变长了。

第二个因素是价格冻结正在阻碍涨价并让企业干部担心。虽然产品是市场价，但是企业干部希望避免媒体的批评。制药厂副厂长说，企业干部对做什么没有把握，因为当消费者抱怨时国家特别是物价局可能拒绝新价格。

营销定价中对国家干预的担心在其他企业也很明显。相关部门通过每年的价格核查进行干预，那时一组来自工业局和物价局的官员考察价格，并且否定了那些认为违法的价格。重型电力设备厂1987年尝到了教训。企业以工业局批准的市场价销售其产品，但是考察组年底认为价格需要批准，就需要企业申请许可。因此，企业干部在1988年更加小心。在他们涨价前，一位高级干部花了3周时间拜访每个局，以确定国家的态度。

上述案例显示，企业被国家控制约束，即使它们在市场上运营。虽然它们的价格不需要国家的正式批准，但是国家能够通过一些其他措施迫使企业遵循其政策，比如价格考察或有关部门对个别价格的否绝。

五　降价：企业对市场竞争的反应

Byrd（1987：254）注意到买方市场里国家跟企业的关系："在中国，政府对买方市场的反应在营销中最引人注目。政府计划和分配系统在实质上放弃了引导企业产出的责任，迫使生产厂家在开放市场上养活自己，对自己的产品销售负责任（至少在边际利润上）。"

就像供应过剩的制药厂案例中一样，竞争性企业可以通过压低价格来吸引客户。在这种背景下，国家并不干预。在 12 个价格决策中，仅有一个降价受到国家干预，这就是音响设备厂 1988 年的价格决策情况。

1985 年，这家企业处于工业局的控制之下，那时它决定为其在日本公司许可下生产的立体声录音机定价。1985 年，这项产品以浮动价销售，并且由工业局批准。整个程序花费了跟其他涉及相关部门的价格决策相似的时间。1985 年和 1986 年这个产品处于良好的市场中，但是 1987 年之后变化得非常快，音响市场变得更加难以预测。1984 年之前，这家企业仅仅跟五家部委分配的其他企业竞争，但是到了 1988 年有了超过 40 家相似产品的生产厂家。如果算上小工厂，生产厂家超过 300 家。

有这么多生产厂家，供应很快超过需求并且竞争激烈。1987 年 10 月，一些音响制造商宣布降价 5% ~ 15%。这引发了价格战。音响设备厂发现，它的产品不再有吸引力，因为客户可以用相同的价格买到更时尚的最新产品。1988 年初，分销商开始停止订货。企业的成品存货迅速增加，引起了运营资金的短缺。在这种压力下，财务处长提议尽快处理存货。

巧合的是，1988 年夏天全国爆发了抢购。企业干部把这个看作清理过时产品的机会。正是在这样的背景下做出了降价的决策。决策由副厂长和财务处长做出，虽然说明降价的正式程序需要厂长的批准。一些天前行政班子把价格决策的权力下放给副厂长，处理产品销售问题。然而，副厂长并没有马上采取行动，部分原因是降价也减少利润，还有部分原因是他也想等等看,抢购是否推动销售。因此决定几乎花了三周。

　　另外,也有其他考虑。存货最后卖给了企业的劳动服务公司——一个雇佣音响设备厂职工子女的子公司。价格降得很低,以便子公司能够从销售中获利。正如副厂长所说,这个决策照顾了服务公司的人,他们是"我们自己的人"。

　　当经济环境不稳定时,买方市场里的企业变得脆弱。跟大部分产品发给计划部门的电视机厂不一样,音响设备厂从工业局没得到什么帮助。正如一位处长所说:"他们(工业局)并不关心降价。也许他们觉得降价是个好事。"在1987年到1988年期间,工业局尝试建立几个工业集团,并入下属工厂。工业局通过行政权力指示把一些业务分包给一个竞争市场里的几家龙头企业。这个方法是有问题的。音响设备厂加入了一个集团,但是每个成员依然独立运营,从联盟中没有获得任何收益。这种旨在内部保护的组合在重型电力设备厂也能找到,它变成了一个立足于中国北方的大型工业集团。成员决定固定一个保护它们边际利润的价格。[①]

六　讨论和小结

　　1985年和1988年12个价格决策的比较显示,放权活动增加了企业价格决定方面的自主权。这可能是国家放松价格控制和经济自由化的原因。然而,这种自主权视两个因素而定。第一个是企业产品所处的价格领域。第二个是市场的供需关系。1985年和1988年的12个价格决策分析显示,市场机制在价格决定中日益变得重要,这个结论跟Byrd(1987)

---

① 这在1993年《反不正当竞争法》实施后变得违法。

的研究一致。市场的扩展改变了企业位置。从 1985 年到 1988 年，电视机厂等企业因为过度需求享有卖方市场，但是音响设备厂等企业开始感受到残酷竞争的压力。因此，企业里的价格决策跟它的市场情况相关。

案例研究也显示，国家依然能够限制企业的自主权。这种干预大多数在卖方市场可以看到，那里短缺推动了比国家定价更高的价格。国家定价由命令支配，很大程度上建立在社会和政治考虑的基础上。这种干预通过行政管理部门对价格批准的权力进行，也通过工业部委负责价格形成进行。由国家控制限制的企业一般尝试通过谈判和游说来涨价。因此，价格决策变成了一个漫长而复杂的过程。国家的社会和政治的理由和企业利益之间的冲突是这种决策中的主要问题。

在另一个极端，当供应过度时国家放手企业去跟其他企业竞争。Byrd（1987）解释，这可能是因为国家希望通过市场力量调控生产。音响设备厂的案例提供跟电视机厂相反的情况。后者必须通过谈判来涨价，但是前者被迫减价并接受损失。在音响设备厂这种企业中，国家的作用是有限的。虽然音响设备厂加入了一个工业集团，其地位依然脆弱。其价格决策是为了在激烈竞争中生存。

其他企业用价格保护自己的利润。这里，国家干预跟市场力量混合在一起。就像 Byrd（1987）观察的，即使在中国企业有着定价自由的卖方市场里，如果企业想跟其客户维持长期关系或创造良好的形象，涨价可能也不被接受。这个观点跟制药厂的发现相似。

因此，分析显示，中国的价格决策并不是一个真正的经济问题。相反，跟最大利润的愿望一样，它是社会和政治压力的混合结果。

第五章 招聘决策

一 国营企业中的用人系统以及 1984 年以来的劳动改革

在市场经济中，招聘的经济分析假定，生产者决定雇佣工人是为了通过劳动者的贡献获得最大化利润（Reekie et al.，1991），并且满足生产者劳动需求的主要机制是劳动市场的调节（Torrington & Hall，1987）。作为扩展生产或工作空缺的结果，招聘开始于对人力的需要。实际上，就像人事管理理论已经注意到的，由于跟经济一样，社会、政治和地理等因素也会影响过程，招聘决策可能很复杂。

招聘是劳动供需市场协调结果的理念不适合于社会主义计划经济。一些来自东欧国家和中国的经验研究和数据显示，计划经济中的企业用人系统与市场中的供需关系截然不同，用人决策过程产生于国家计划（Smith & Thompson，1992）。招聘被看作一个依赖于国家和党组织的政治过程。市场经济中，雇主和员工在工作挑选中均有一定程度的自主权；与之相反，在社会主义经济中，企业的劳动需求被计划指标分配约束。当人力需要不能由指标满足时，为了应付劳动力短缺的潜在不确定性，企业干部便极力夸大其工人需要。就像 Thompson 和 Smith（1992）注意到的，这就引起了人力和技术资源的浪费。

在中国，社会主义劳动管理的特征让人注意到招聘跟国家之间的联系。因为中国具有世界最多的人口，为了维持稳定和提供可接受的生活标准，政府在很长时间里坚持"高就业、低工资"①的战略。中国的劳动体制由三个系统构成（党晓捷等，1991）。第一个是劳动计划。国家计划部门按照①员工数量和②总工资预算分配计划指标给每个国营企业（王爱文，1991）。第二个是劳动用工系统。1987 年之前，这个系统保证国营企业中大多数工人的终身就业和长期生活安全。第三个系统是劳动用工管理系统，它有两个子系统。体力劳动者由劳动部门管理，同时干部、技术人员和办公室职员在人事局登记。一个工人的任命、工资、奖金、福利、医疗和退休都由国家管理。

这三个系统跟中央计划紧密联系在一起。牵头这个体制的是作为中央劳动管理部门的劳动人事部，它向国务院和国家计委汇报。其下面是地方劳动人事部门，它向中央部委和地方政府负责。遵循高就业的国家政策，劳动人事部门集中所有人事录用决策。招聘按照国家分配计划进行，把员工分配给企业。因此，国家而不是企业干部控制着招人。这个由工业局协调的程序变得极其僵化。员工在企业里位置的任何改变或离开工作单位都需要工业局的批准。

高就业政策和官僚程序的僵化引起了一些问题，尤其是人力资源的浪费和低生产率。有公认的两大缺点——"铁饭

---

① 具体研究参考 Zhao 和 Lu（1992）以及夏积智和党晓捷（1991）。

碗"和"大锅饭",前者长期保障的就业不能激励工人改进其绩效,后者涉及平等的工资和奖金分配,它也阻碍生产率。从1950年代起,有过几次改革劳动系统的尝试。1956年,提议采用合同劳动制。[①] 在1960年代初,刘少奇的"两种用工制度"被公布。然而,由于"大跃进"、"文化大革命"等政治事件的原因,这些意见一个也没有投入实践。[②] 在改革之前,中国的劳动系统就被看作不灵活的。正如世界银行(1985:131)注意到的:

> 中国的劳动分配体制让用人单位和员工没有一点选择自由——甚至比苏联和东欧还少。直到最近,所有年轻人都由行政系统分配具体的工作——大学毕业生由中央政府分配,中专生由地方劳动局分配——很少注意他们或用人单位的偏好。生活也是典型的分配:很少有例外(一般都是来自上面的结果,而不是个人或用人单位偏好的结果)。工人不能从一个企业调动到另一个企业。另外,企业也不允许开除工人,即使他们有了超过需要的员工,并且即使个别员工习惯性地缺勤、懒散或粗心大意。

当1970年代末经济改革开始时,有人提议把用人决策权下放给企业。1979年,国务院颁布了大量关于企业招工和劳动管理的决定权的政策,但是由于政府害怕失业引起的不稳

---

① 1956年,中国代表团访问了苏联。一份采用"合同劳动制"的提议后来提交给政府。参考李伯勇(1987)。
② 李伯勇(1987)回顾了1950年代、1960年代中国合同劳动制的发展。

定而停止。与其他改革活动相比，劳动改革是一个相对缓慢的过程。在 1980 年代初，劳动改革依然停留在纸面上，[1] 因为国家必须解决"文革"期间下乡知青的失业问题。国家需要企业招收额外的员工。[2] 直到 1986 年，劳动改革才开始，当时国务院颁布了四项规定。

1. 工人由企业招用和停止"子女接班"传统。
2. 合同劳动制取代终身雇佣制。员工和用人单位签订固定期限的劳动合同。劳动部门不再负责分配工人和大学生去企业，也不再负责批准工人离开和招收新人。
3. 企业厂长需要开展培训活动改善工人的技能和资质。
4. 企业厂长负责按照企业人力需要进行劳动管理，包括新工人的招聘和员工的解除劳动关系。

这些措施对提高企业在劳动管理上的自主权非常关键。企业干部开始比以前享有更多职权。这种自主权由承包责任制的引进进一步推动，企业干部能够进行招聘决策。例如，在 1987 年之后的北京，劳动人事局不再分配计划指标去控制企业的员工数量，虽然他们固定了工资预算。工人的增加或减少下放给了企业干部，叫作"增人不增工资，减人不减工资"。

---

[1] 世界银行（1985：131）注意到："这些改革和其他改革，虽然有益，但是不能改变体制。统一分配方案事实上依然适用所有在职中专生和部分熟练的体力劳动者。企业很少能够从其他企业调进自己急需的熟练工人，尽管这些人在其单位可能发挥不了价值技能；他们仍有义务接收劳动局'打包'分来的人，其中有他们想要的，也有不想要的；他们不能解雇冗余工人；并且他们仅在少数情况下才能开除不满意的工人，包括极端的矿工或不法行为。看来有必要考虑进一步、更彻底的改革。"

[2] 具体细节参考张小健等（1991）。

二　6 家企业的劳动管理

1988 年，6 家企业有三种用人制度：终身制、合同工和临时工。终身制可以分为两个子类：体力劳动者的劳动管理，干部、党的干部、技术人员和办公室职员的人事管理（表 5-1）。虽然 1986 年引进了承包责任制，但是 1987 年和 1988 年的大量工人依然是终身制，同时合同雇佣仅限于 1987

表 5-1　1985 年和 1988 年 6 家企业的用人系统

劳动管理项目	终身制 人事（办公室职员、干部和技术人员）	终身制 劳动（工人）	合同工	临时工
工作期限	长期	长期	合同约定	合同约定
工资	国家设定的 11 级工资	国家设定的 8 级工资	工人跟企业的谈判决定	工人跟企业的谈判决定
福利和医疗	国家统筹	国家统筹	企业自筹	企业自筹
退休金	国家统筹	国家统筹	企业和个人共担	企业和个人共担
招用程序	按照国家指标	按照国家指标	企业决定	企业决定，但是必须到地方劳动局登记
解职程序	需要劳动局的批准	需要劳动局的批准	企业决定	企业决定
供应渠道	大学和大专的大学毕业生，退伍军官/战士，党员干部和干部	改革前招聘的工人、技校毕业生、退伍军人	1987 年后招聘的大多数工人、技校毕业生、高中生、城市劳动力	退休工人、农村劳动力

数据来源：1988 年 12 月至 1989 年 5 月的企业访谈和档案。

年 2 月入职的新工人。

当劳动改革时，企业有两个主要问题。第一是人员过剩和人力资源的浪费。当 1987 年引进承包责任制时，企业干部希望通过解决超过需要的人来减少人员数量（进一步细节见第六章）。然而，这仅是熟练工人短缺情况的一方面。正如音响设备厂的人事处长所说：

>高级工人已经退休，年轻人还没有全部掌握模具制造或电机工程所需要的技能。这个问题已经存在了一些年。虽然局里要求企业挑选剩余的工人，他们要么缺乏我们需要的技能，要么（年龄）太大无法培训。因为很低的工资和很差的福利（供应），技能熟练而年轻的工人不愿在国营企业工作。唯一有吸引力的是我们给工人提供住房。

一些企业，比如汽车厂，觉得他们的技术创新和产品开发正在遭受较差工人的拖累。因此，企业干部面临寻找熟练劳动力的压力。为了解决这个问题，企业采取了两个替代办法：从外部来源招人，或者培训现有员工的技能。

三 1985 年和 1988 年的招聘决策

如表 5-2 所示，每家企业挑选两个招聘决策进行研究，1985 年一个和 1988~1989 年一个。1985 年，从大学、大专和技校毕业的学生是最重要的技术人力来源。因此，企业希望尽可能招得多一些，但是数量依赖于工业局分配的指标。汽车厂和电视机厂等大型企业享有特权地位，能够比制药厂和电力开关厂等小企业挑选更多的大学毕业生。音响设备厂建立了自己的技校,并且它在 1985 年和 1988 年接收的都是来自自己技校的学生。

表 5-2 1985 年和 1988~1989 年的招聘决策

企业	1985 年的员工招聘决策	1988 年的员工招聘决策
汽车厂	接收 30 名大专生,作为技术人员	接收 21 名大学毕业生,作为技术人员
电视机厂	从技校挑选 65 名培训生,作为生产车间的操作员	从其他工厂调进 1 名机器维修工人
重型电力设备厂	从局技校挑选 21 名培训生,作为生产工人	为运输组招进 1 名卡车司机
制药厂	为研发处招进 3 名大学毕业生	接收 12 名大学毕业生,作为技术人员
音响设备厂	从技校接收 40 名培训生,作为技术工人和车床操作者	为模具制造车间从技校挑选 12 名培训生
电力开关厂	挑选 1 名大学毕业生,作为技术人员	从局技校接收 5 名培训生,作为机器操作者

数据来源:1988 年 12 月和 1989 年 3~9 月的企业访谈。

1988 年至 1989 年期间,承包责任制的引进迫使企业干部在招人时更加精挑细选。由于工资固定预算,汽车厂这家大型企业减少了招人。电视机厂和重型电力设备厂这两家大型企业采用了一个替代策略。取代寻求年轻毕业生作为员工的是,他们招用具有工作流动性的熟练工人。仅在有空缺时才有招聘,同时员工总量是固定的。

在招人时具有更多自主权的小企业相信,熟练工人的缺乏能够通过挑选更多大学生来解决。例如,制药厂建立了一个研发机构,迫切需要研究型大学毕业生。厂长指示人事部跟大学和大专联系,挑选最好的候选人。

行动者参与和功能

按照吴振坤及其同事(1993)的调查,北京的人事管理被看作是很分散的。他们的分析指出,企业干部有权力决定招人、晋升、培训和职业发展。这个发现跟这里12个招聘决策分析中确认的行动者参与是一致的(表5-3)。

从表5-3可知,招聘决策涉及劳动部门(市劳动人事局)的数量从1985年的5个急剧下降到1988~1989年的零,然而工业局的参与从6个减少到4个。更重要的是,工业局的角色改变。它们不再负责批准企业招聘。相反,它们的职能是提供信息和给企业提建议。从1988年开始,企业干部全权负责招聘。

伴随着企业自主权的扩大,企业内部决策过程也有了一些变化。首先,车间主任参与决策的数量从1985年的2个增加到1988~1989年的4个。跟技术处一样,这些生产单位的主要人事职能是提出自己的用人意见。这明显不同于生产单位的传统角色,那时他们消极地接受计划部门分给他们的人员。如果1985年的分配是一个"自上而下"的过程,那么1988~1989年的招聘意味着"自下而上"的程序。正如制药厂的人事处长所说:

> 我们的职能改变很大。在过去,我们说服车间主任接受局里分配的工人。现在,我们满足我们生产的需要。结果,劳动决策的真正权力现在在车间和新员工工作的部门手里。因此,我们负责招聘,而不是局里。

表 5-3　12 个招聘决策涉及的行动者及其职能

行动者		决策数量（总数为 6）		招聘决策中的职能
		1985 年	1988~1989 年	
外部	市劳动人事局	5	—	1985 年，工业局分配大学毕业生的指标和批准企业的招聘申请；1988 年之后，他们仅登记企业决定接收的大学毕业生。因此，工业局没有参与 1988~1989 年的招聘
	工业局	6	4	1985 年，工业局把劳动人事局的劳动指标传达给企业；1988 年，它们提供劳动力供应的信息给企业。他们为电力开关厂关厂提供技校培训生招人指标
内部	厂长	6	4	1985 年，厂长将招聘申请提交局前批准；1988 年，他们仅批准新招聘决策，不管补缺的那些人，比如在电视机厂和重型电力设备厂
	副厂长	6	3	在大多数情况下，副厂长评估需要的员工数量。在电视机厂和重型电力设备厂他们批准后续决策
	劳动人事处	6	6	他们拟定年度招聘计划，做出方案和挑选员工；1988 年，他们批准大多数工作变化和填补空缺，比如在电视机厂
	车间主任	2	4	车间主任按照生产需要提出劳动需求计划
	技术处	2	2	技术处拟定用人需求计划，特别是大学毕业生
	运输处	—	1	在重型电力设备厂，招聘 1 名司机
	班组长	—	1	在电视机厂，班组长申请增加 1 名机器维修工

数据来源：1988 年 12 月和 1989 年 3~9 月的企业访谈。

其次，企业内部管理中有着更进一步的责任下放。当招聘不增加员工数量时，比如通过调动填补空缺，决策就由职能干部处理。这个在电视机厂和重型电力设备厂很明显。

周期和时间框架

招聘决策涉及制定计划，因此时间框架涵盖了提议、评估和批准等例行活动。然后，人事干部开始从候选人中挑选合适的人。表5-4呈现了12个决策中确认的时间框架。

12个决策中，1985年和1988~1989年负责大学毕业生挑选的人按照大学学期组织。1985年，决策过程开始于劳动人事处拟定招人计划，先由厂长批准，然后由工业局审批。这个过程通常花两三个月完成。然后，人事处长必须再等两个月，工业局分配来候选人。因此，整个程序可能持续四五个月。

1988~1989年的6个决策遵循了不同的过程。随着企业自主权的增加，额外招聘的需要在大多数情况下在部门/车间级别决定，在那里生产干部提出人员的意见。这个意见由人事/劳动部评估和厂长批准。人事处长也从工业局寻求信息，然后跟供应毕业生的大学/大专联系。整个过程仅用了两三个月。

人员替换不同于大学毕业生的挑选程序。只要一名员工离开岗位，车间主任立即要求人事处长填补空缺。大多数时间花在了调人和挑选上，可能要两三个月。

比较汽车厂和重型电力设备厂的招聘决策是非常有趣的。前者主要依靠有技术能力的大学毕业生的额外供应，但是1987年后后者仅在有空缺时招聘。它们的决策代表了放权活动中典型的招聘程序。

表 5-4 1985 年和 1988~1989 年 12 个招聘决策的周期

企业	招聘决策的周期（周）		决策活动和变化
	1985 年	1988~1989 年	
汽车厂	8	10	主要变化是 1988 年工业局仅提供信息并协助企业挑选大学毕业生。他们花 2 周做出方案和另外 8 周挑选候选人
电视机厂	12	6	1985 年的招聘是一个计划过程，并需要工业局的批准。1989 年花 6 周时间寻找 8 个人
重型电力设备厂	11	10	1985 年的招聘是一个需要工业局批准的计划过程。1989 年的决策是寻找合适的司机，他们花了 10 周寻找最合适的人
制药厂	8	10	厂长负责两个招聘决策。然而，1988 年，企业不需要工业局的批准并根据自己的需要挑选大学毕业生
音响设备厂	10	10	两个决策都是从企业的技校挑选培训生。这些培训生有合同基础并且他们的录用不需要工业局的批准。企业拟定计划和决定问题
电力开关厂	8	8	1985 年的招聘决策是从人事局申请大学毕业生。它花了很多时间批准。1988 年企业跟校联系招聘培训生。大多数时间花在了跟校长的谈判以及跟工业局的协调上
平均周期	9.5	9	

数据来源：1985 年数据来自 1988 年 10 月企业访谈和档案，1988 年数据来自 1988 年 10~12 月和 1989 年 4 月的企业访谈和档案。

四　走向人力资源管理：汽车厂的招聘

遵照部委在北京建立汽车生产基地的决策，汽车厂成立于1966年，合并了一些小工厂。这家企业有自己的研究机构，进行新产品开发和技术创新。1984年，企业引进日本技术改进其产品和生产线。1988年，汽车厂变成一家有中国投资公司和香港伙伴的合资企业。这个合资企业决定在北京的制造基地投资。雇佣数量快速从少于4000人增加到超过5000人。1989年，随着进一步扩张，员工数量几乎达到6100人。

1985年，企业有两个人事部门。一个是劳动管理处，负责体力劳动者，他们占到了总体员工的72%。另一个是人事处，负责技术人员、干部、办公室职员和行政人员，以及大学毕业生的招聘。1987年之后，这两个部门合并成劳动人事处。图5-1展示了企业1989年的组织结构图。

人事管理属于管理部门，其职能包括招聘、登记、工资定级、福利保险和绩效评估。在中央计划体制下，企业要求拟定长期（10年）人事计划并向工业局报告。后者汇总劳动需求，然后提交给市人事局，它把全市需求提交给教育部和人事部。部委和工业局平衡供需，然后分配大学生给企业。图5-2描述了1985年的正式招聘程序。

工业局协调的分配过程复杂而僵化。企业向工业局报告其用人要求，然后等待分配来的新员工。正如汽车厂人事处长所说：

> 1985年，每个东西都是国家分配的。虽然我们有自己的人事发展计划，但是它总是被忽略，因为局里决定

我们应该有多少员工。结果,我们没有决定招聘的权力,也没有挑选候选人的自由。我们只有接受局里给我们的任何人。

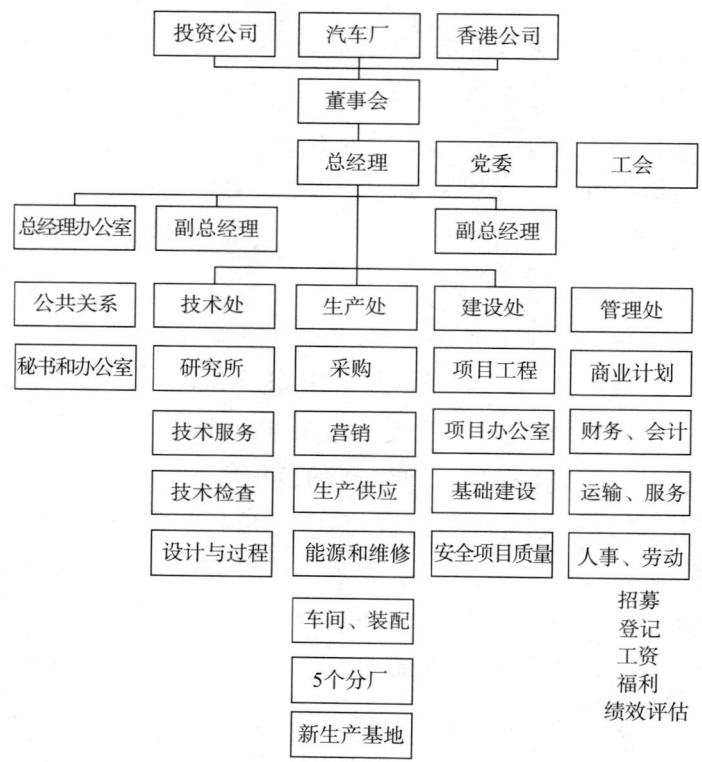

图 5-1 1989 年汽车厂(合资企业)的组织结构

数据来源:1989 年 5 月的档案。

1986 年之后,国家人事控制开始放松。1987 年起,工业局不再负责分配大学毕业生,并且招聘由企业干部决定。因此,汽车厂把重点放在发展技术能力上。1987 年,有大学或大专学历的技术人员仅占员工的 6%。政府部门高层觉得技术人员的缺乏是技术创新缓慢的主要原因。行政班子拟定了一个人力资源发展战略，要求技术人员的数量每年增加 1%。1986 年，汽车厂跟北京一所大学签订了一个 10 年协议，进行一个 400 人的培训活动。

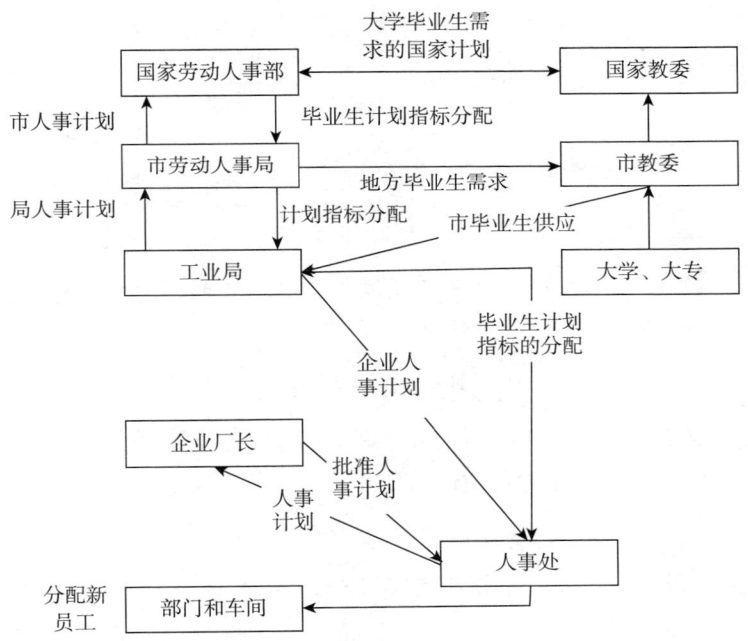

图 5-2　1985 年汽车厂招聘大学毕业生时的决策过程
数据来源：1989 年 3~5 月在汽车厂的访谈。

如图 5-3 所示，与 1985 年相比，截至 1989 年企业有了更多自由，并且没有招聘和劳动管理的计划指标。至少理论上，汽车厂跟工业局的关系已经结束，因为它进入了合资企业，合资企业由来自三方的董事会治理。工业局不再控制企业行政日常运转。按照汽车厂人事处长的说法："招聘里最大的进步是我们能够拒绝局里分配来的任何人，如果我们不需要那个人。这在以前是不可能的，但是现在我们按照需要招聘。"

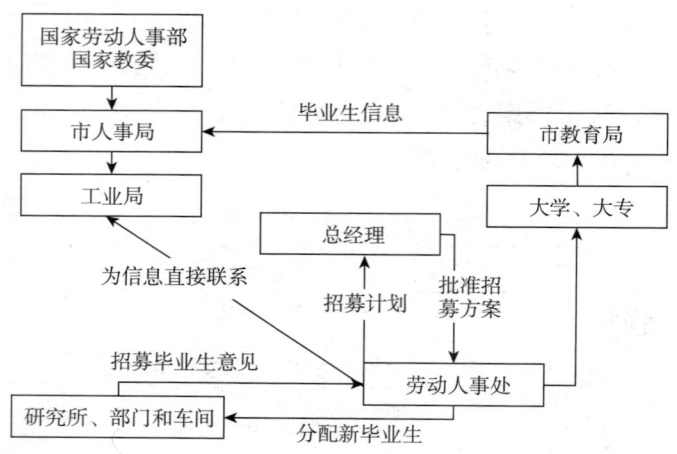

图 5-3　1989 年汽车厂招聘大学毕业生时的决策过程
数据来源：1989 年 5~9 月在汽车厂的访谈。

然而，实际上，这种自由受到挑战。首先，工业局仍然控制大多数毕业生供应信息。新员工的挑选依赖企业人事处长跟工业局的联系和合作。其次，也许更重要的是，企业在其他领域依赖跟工业局的合作，比如培训、安全检查和质量控制。具体来说，工会和党组织依然处于工业局的控制之下。工业局代表政府监督新产品开发、技术创新和投资项目。尽管从国营企业转成了合资企业，汽车厂依然不可能切断所有政府联系。因此，工业局依然对企业管理施加影响。工业局的权力能够通过 1989 年的招聘展示。企业最初招聘 20 个毕业生但是招了 21 个，额外的一个是工业局强加给它的。虽然这个候选人没有技术背景，但企业觉得有义务接受他，因为他是工业局介绍的。就像人事处长总结的："我们（跟工业局）有非常紧密的关系。我们也许（将来）需要他们的帮助。虽然这种情况下不需要局里的批准，我们希望跟他们保持好联系，因为有很多问题将来要涉及局里。"

工业局跟企业之间的交易关系在1988～1989年其他企业的决策中也很明显。例如，制药厂尝试不过于依靠工业局的大学毕业生信息，但是很快发现离开工业局在其他地方找不到这种数据。企业最后决定派人事处长拜访一些大学，跟学生建立直接联系。

然而，如果工业局有自己的培训中心，跟它的关系就很关键。电力开关厂决定从工业局技校招聘学生。因为许多企业需要熟练工人，技校生供应总是短缺。这些技校生的分配依然严格地控制在工业局手里，因此企业必须为招聘分配而谈判。为了获得好的技校生，电力开关厂的人事处长利用他跟校长的私人关系完成了一个"秘密"交易。

五　作为猎头过程的招聘：寻找优秀的熟练员工

通过劳动改革过程，员工也获得了选择他们喜欢工作的自由。因此，工作流动变成了企业寻找专业熟练人员的替代方法。当有空缺时，通常会采用这种方法。在某种程度上，这种招聘更难，因为企业面临是否有组织所需技能的申请人以及申请人是否胜任那个职位的不确定性。同时，申请人会跟企业就具体条件谈判，比如工资定级和附加福利，特别是熟练工人短缺时。中国的工作流动性是一个复杂问题。中国企业不仅仅是工作单位，而且有义务提供福利、医疗、住房、饮食，以及员工子女教育。①

---

① Walder（1986）注意到，中国企业像传统社区，整合了对员工的经济、社会和政治义务。

在 12 个招聘决策中，两个产生于 1988～1989 年电视机厂和重型电力设备厂的工作空缺。下面详细考察后一个案例。

1986 年，重型电力设备厂被选中试点承包责任制，比其他企业早一年。承包责任制的采用和工业局对劳动管理控制的放松给企业足够的自主权决定其招聘策略。在 1986 至 1987 年期间，劳动人事处进行了对部门和车间的调查，并给每个部门/车间定编。调查显示，1800 名员工的至少 20% 应该是过剩的。跟 Byrd 及其同事的发现（Byrd, 1992）相似，企业干部后来做的是命令每个部门减少工人数量，并把剩余人员转到服务公司或送去参加内部培训活动。1987 年，劳动人事处引进承包制，冻结了所有部门和车间的工资。此外，企业领导决定停止新员工的招聘，因为他们相信效率已经被剩余人员拖累。因此，企业停止招聘大学毕业生和新工人，并把注意力转到从其他单位挖人上。

卡车司机的招聘发生在 1989 年初。运输处急需一名司机填补空缺。它花了两个半月完成招聘。为什么当运输部负责人说有很多合格申请人时还花了这么长时间找一名卡车司机？延误是由于两个因素。第一个因素是职位没有在当地报纸上刊登。企业也没有从人才交流中心招聘。人事处长说，他们不相信从市场来的人，因为没有他们背景的信息。人事处长具体关心的是申请人的绩效记录、行为，并且重要的是他/她跟同事的关系。正如人事处长所说：

> 我们很少跟当地劳动市场联系。作为一个人事处长，我知道合格的人不会去那儿找工作。这样的人被他们的组织控制着并不让他离开。为了离开，需要（对他们处长）施加很多影响。在这种情况下，司机想要我们

职位的理由是他想在离家近的地方工作。更重要的是，他是我朋友介绍的。我们相互了解，因此我相信他的介绍。从他那里，我知道这个司机很好。

这样，人事通过他们的朋友网络和其他私人关系寻找正确的人，因为"私人关系更可靠"。结果，猎头过程就很长。

第二个因素是较难判断谁适合岗位。作为雇主，企业的偏好跟申请人不容易匹配。一般来说，申请人跟人事处长商量雇佣条件，比如工资和福利。一个新员工不允许申请宿舍和分房，其他福利跟合同工一样。很多申请人在商量之后撤回了申请，因为他们不想被当作合同工，或者他们想要宿舍。

用朋友和熟人当候选人以及限制候选人分房条件，在其他企业也很明显。电视机厂的人事处长请她同事帮助寻找一名机器维修工人。她解释，在这个案例中"面子"的概念是有用的："如果一个人是朋友或你信任或了解的人介绍的，有利于将来的管理控制。介绍人后来会帮助你监督这名员工的行为。在大多数情况下，为了介绍人的面子，员工将会做得很好。"

这种建立在私人联系基础上的非正式网络是企业间传递信息的有效方式。例如，音响设备厂的人事处长加入了一个协会，跟其他生产厂家一起，交换不同于工业局提供的劳动信息。当企业决定其技校的培训活动时，这种信息特别有效。

不成熟的住房市场变成了员工招聘的一个关键约束，他们可能依靠用人单位提供宿舍。例如，制药厂限制从当地大学和大专挑选毕业生，因为它不能为他们提供住房。大型企业情况好一些，但是汽车厂仅给老员工或给企业做过特殊贡献的人分配住房。住房比工资和奖金对员工更有吸引力。

六 讨论和小结

因为中国有世界上最多的人口，国家把就业放在了很高的位置。传统方法是迫使企业接收尽可能多的员工。1980年代中期之后，这个政策基本上被放弃，这时招聘已经交给了企业干部，他被指示根据生产需要决定员工数量。1985年和1988~1989年的12个招聘决策分析显示，放权活动把决策权交给了行政班子，并且所有6家企业享有挑选和招用新员工的自主权。这个发现跟吴振坤及其同事（1992）的研究是一致的，他们注意到人事管理是企业自主权增长最多的领域之一。企业有了更多的选择自由，跟工业局职能的转变是一致的。工业局和劳动/人事局把分配员工的职权让给了企业，变成了信息和建议的提供者。此外，企业间工人流动创造了另一个劳动来源，这个可以在电视机厂和重型电力设备厂的案例中看到。

毕业生的分配依照大学学期来做计划和调整。这个程序中的一个显著变化是传统"自上而下"的分配被"自下而上"的过程取代。中层干部成为提议招聘的主要行动者，同时，厂长参与控制员工总数。

然而，作为政府部门，工业局依然对招聘很关键，因为他们是大量信息的来源。在一定程度上，这限制了企业的自主权。新员工的招聘经常依赖工业局的信息提供，另外企业也依赖工业局的技校生。此外，工业局的影响像企业很多活动中的影子权力。结果，企业干部尝试跟工业局维持良好的关系。就像汽车厂案例显示的，招聘的理由并不总是由经济驱动，它也反映跟工业局相联系的社会和政治因素。

但是，就如音响设备厂和重型电力设备厂的决策显示的，当企业进行招聘时，企业招聘自主权能够在填补工作空缺中充分达到。这种非市场机制的重要性是不成熟劳动市场的结果，不同企业厂长之间的非正式联系变成了招聘信息的一个重要渠道。更重要的是，私人关系也用于用人单位和员工之间的信任。这种私人关系的运用反映了中国传统。

最后，挑选变得更加困难，因为跟企业谈判时申请人有了一些权力。除了工资，一个员工必须依靠企业提供很多福利。因此，具有较少附加福利和限制福利的企业对申请人没有吸引力。

第六章 组织变革：行政班子与党委的关系

一 应对环境变化的组织变革和国营企业的矩阵结构

本章的目的是比较1984~1986年和1987~1988年6家企业组织变革的决策过程。组织变革涉及旨在通过改变组织结构、内部关系、程序和规则的方式改善组织绩效的大范围活动。它包括行为模式（例如公司文化和领导风格）的改变。组织变革通常是组织对外部环境重要变化以及来自改善部门间合作和市场竞争力的内外部力量的反应（Pettigrew，1985b；March，1981；Whipp et al.，1988）。

一个组织结构的产生是其制度情境地位的结果，制度情境设定了组织的规则、规范和政策（Buttler，1991；Meyer & Rowan，1977）。在开展本研究时，需要考虑中国的两个制度背景。第一个是计划机构和政府部门，比如行政管理部门。这些部门建立了一种企业监督结构。就像第二章描述的，存在一种企业和工业局之间的矩阵监督结构，因此干部必须向两个上级汇报，那就是，企业厂长以及工业局负责部门的职员或主管。这种矩阵结构通常叫作"对口管理"。企业和工业局部门的垂直联系叫作"职能联系",因此企业干部对具有相似功能的政府部门负责。例如,1985年市经委指示所有企业建立一个厂长直接监督的全面质量控制办公室。它也指示企业的全面质量控制办公室应该直接向市经委工业局的全面质量控制办公室报告。

第二个是党组织。除了部委和工业局组成的政府行政结构,还有一个党委系统,包括每个等级的党委、支部和小组。因此,企业党委直接向局党委汇报,局党委向市党委汇报。党委由工会辅助,全国总工会在工业局和企业有自己的分支。

如图2-1和图2-2显示的,这两个制度背景创造了一种对企业的复杂治理。这样的根据是让政府有效地控制和监督企业,企业遵守政府指令。党委负责干部管理并监督企业决策,同时也通过表扬和树立先进典型等非物质方式激发员工的士气。[1]

国营企业也被迫负担社会义务,包括提供社会福利设施、员工宿舍和住房、员工子女的教育设施和医疗(李培林等,1992:63-66)。

结果,国营企业的绩效依据来自其社会政治责任和经济任务的广泛标准进行评估。这产生了"组织化依附"的现象(Walder,1986,1987),并且意味着企业里的很多部门是为了社会和政治原因而建立的。这种情况由于政府"高就业、低工资"政策导致的人员过剩而恶化。这被描述为"五个人干三个人的活儿",并导致了激励不足、低效率和纪律松弛。

---

[1] 参考中国经济运行研究项目组(1988)。它注意到,国营企业有三项义务,就是经济绩效、政治任务和社会福利设施。

国营企业改革的一个目标就是减少人员过剩和解除社会-政治义务，确保企业能够专注于提高效率。一个措施就是引进合同劳动制取代传统的终身制。此外，就像第五章描述的，在引进承包责任制后，政府将其控制焦点从全职雇佣转到了工资预算上。一些企业，例如电视机厂和重型电力设备厂，变得不愿意招聘新员工。

当企业干部获得挑选和录用劳动者的权力时，他们能够解除劳动关系的工人数量仍被限制。这是因为没有社会保障体制来应付失业。在中国，社会保障和福利服务由企业提供。就像 Huang 和 Yang（1987：148）注意到的：

> 中国的社会保障体制事实上根本不"社会"，并没有覆盖退休风险或医疗的国家系统。相反，中国的社会保障体制大多数通过就业的方式实现。任何人只要有一个工作，他就会有福利和保障……今天福利保障领域最严重的问题是企业超支了工人的退休金和医疗保证金。

除了过剩工人的约束，企业干部启动组织变革的权力也被他们跟政府机构的矩阵结构关系限制，因为这种矩阵结构把政府机构跟企业中的部门联系在一起。组织结构的一个变化也许可以看作干扰现状，促进了工业局的干预。党组织跟行政班子之间的关系是另一个敏感问题。按照《企业法》，党组织是组织结构的一部分，"确保和监督党和国家的原则和政策在企业得到执行"。企业的党员活动是党委书记的职责。厂长没有权力决定党组织的问题，比如企业应该有多少干部。厂长跟工会之间也有相似的关系。

二 1984 年至 1986 年的组织变革：厂长权威的建立

表 6-1 显示了组织变革的例子。6 个决策选自于 1984 年至 1986 年，那时引进了厂长负责制。这些决策大多数都是关于厂长跟变化中的管理体制之间关系重组的。从 1984 年至 1986 年，北京企业广泛实行厂长负责制，并且工业局把他们的更多权力让给了厂长。例如中层干部的挑选和管理以及工资分配从工业局转给了厂长。遵循市政府的改革政策，工业局鼓励厂长担负起更多的企业责任。例如市劳动局希望在汽车厂尝试新的劳动管理系统。因此，工业局的指示就成了促进厂长根据工作重组管理关系的扳机。一般来说，组织变革伴随着人事更替（Greiner, 1970），在企业里大多数厂长挑选

表 6-1 组织变革（1984~1986 年）

企业	组织变革的焦点
汽车厂	劳动管理系统的重组和新工资系统的引进。厂长更换中层管理班子
电视机厂	组织结构的变化以及部门和车间新管理班子的任命
重型电力设备厂	具有新职责系统的三个处的设立。决策权从党委书记转移到厂长手中
制药厂	新的销售和营销部的设立
音响设备厂	车间细分系统的建立以及新绩效评估程序的引进
电力开关厂	部门和车间管理班子的更换

数据来源：重型电力设备厂的数据来自 1986 年的访谈和档案，其他企业的数据来自 1988 年 11~12 月的访谈和档案。

自己的管理团队来树立权威。

一些厂长做了全面的变革。在重型电力设备厂和音响设备厂厂长引进了分包制，要求车间自负盈亏，并且采用新的绩效评估系统把这些单元的利润跟奖金挂钩。

周期和时间框架

组织变革通常是一个漫长的过程并且涉及了大量活动。表 6-2 展示了 6 个决策的时间框架和主要活动。

像 March（1981）注意到的，意识到变革的必要性通常会启动改革过程。关于这 6 个决策，这种刺激有两个来源：工业局让厂长推行厂长负责制的指示，厂长建立有效内部控制系统的想法。汽车厂、电视机厂和电力开关厂的变革都是由工业局支持和鼓动的，同时其他三家企业的变革是由厂长发起的。

就像 Pettigrew（1985b）注意到的，决策和变革是连续的过程。一个活动或行动可能是以前决策的产品和后续决策的催化剂。行政班子花费大量时间讨论和评估方案。大多数企业形成了一个指导小组，通常由厂长牵头，负责新组织结构图的设计和执行计划的挑选。在行政班子做最后选择之前，设计可能经过几轮的评估和修改。

这些组织变革通常被解释为政治上的需要。许多企业组织政治教育活动，鼓励干部和工人之间形成共识，员工被告知改革是遵照国家政策进行的。"政企分开"、"党政分开"等政治口号展示在建筑物和车间的墙报上。所有干部和工人都被要求支持变革。

表 6－2　组织变革决策过程的周期和时间框架（1984～1986 年）

企业	方案的批准周期（周）	决策活动和变化
汽车厂	21	企业管理部门头 3 周为所有中层干部组织一个培训活动。它花超过 10 周的时间设计和挑选合适的工资系统。剩下的时间花在行政班子的讨论上。职工大会在年会上快速批准了方案
电视机厂	26	头 8 周用于（所有中层干部和车间主任的）教育培训。15 周用来设计、挑选和行政班子批准。另外 3 周用来获得工业局的许可
重型电力设备厂	14	设计和培训同时进行，花了 12 周多。厂长和行政班子在 2 周里做最后批准
制药厂	11	第一次设计花了 4 周，它被修改。同时，为中层干部组织了一个培训活动。它花另外 7 周完成第二次设计和获得最后批准
音响设备厂	13	头 4 周用来培训中层干部。同时，管理处花了 4 周进行设计。大多数时间用于厂长跟党委书记之间的讨论，评估和修改设计
电力开关厂	13	头 2 周进行一个中层干部的培训活动。大多数时间用来讨论车间的责任系统。花 8 周完成最后设计
平均周期	16.3	

数据来源：重型电力设备厂的数据来自 1986 年 10～12 月的访谈和档案，其他企业的数据来自 1988 年 11～12 月的访谈和档案。

行动者参与和职能

组织变革的必要条件是高层领导的支持（Greiner，1970），特别是当变革影响部门之间关系或更换中层干部时。因此，高层领导参与是必要的，并且决策水平是集中的。这个在 6 个决策中能观察到。表 6－3 展示了涉及的内外部行动者。

表6-3 组织变革决策涉及的行动者及其职能（1984~1986年）

	行动者	决策数量（总数为6）	招聘决策中的职能
外部	工业局	3	工业局给汽车厂和电视机厂两家大型企业直接指示，并考察和批准变革。在电力开关厂，工业局指示变革
	市劳动局	1	仅有汽车厂，市劳动局帮助建立一个新的工资预算系统，并批准该系统
	大学专家	1	仅有汽车厂，劳动局指派一个专家团队设计工资预算系统并进行工人调查
	职工大会	1	仅有汽车厂，职工大会同意厂长的变革计划
	厂长	6	批准组织设计和任命中层干部。厂长也领导指导小组结构，管制和责任系统
	党委书记	5	除了重型电力设备厂，其他企业的党委书记参与了设计评估，协助厂长挑选中层干部的候选人
内部	副厂长	6	大多数据厂长指示参与设计和评估
	工会主席	2	仅有汽车厂和电视机厂的工会主席参与评估程序
	企业管理处	6	组织培训活动，设计组织结构图，新的责任系统和绩效评估措施
	劳动人事处	6	设计劳动管理责任和绩效评估措施
	其他部门（财务）	6	设计劳动管理责任和绩效评估措施

数据来源：重型电力设备厂的数据来自1986年10~12月的访谈和档案，其他企业的数据来自1988年11~12月的访谈和档案。

外部行动者包括工业局和职能局。工业局通过发布指示和参与挑选和批准的方式参与汽车厂、电视机厂和电力开关厂的决策。例如,在电视机厂,工业局任命党委书记当厂长。这个新厂长随后改变全部结构和任命全部中层干部。电力开关厂的情况有所不同,因为厂长不是党员,这个限制了他的决策权力,因为党委书记实际在控制企业。工业局更换了党委书记并指示变革。汽车厂的情况更加复杂。因为它被市政府挑中试点新工资方案,变革由市劳动局紧密监督,市劳动局从一所大学引进一组专家设计企业的工资系统和绩效评估措施。

在其余决策中,工业局也在组织政治教育、安排干部参观模范企业和传达国家政策和文件中起到了关键作用。工业局最重要的作用是实行厂长负责制并重塑厂长跟党委书记的关系。为了克服政工人员的冲突和抵制,工业局在变革开始前后[1]更换了所有企业的厂长和/或党委书记。新厂长被选中是因为他们的生产和技术知识以及可靠的政治记录和工作历史。这给了厂长比以前更多的影响力。

尽管官方政策强调职工大会的重要性,但是它和工会在1984年至1986年的决策中没有起到任何作用。组织变革被看作不会影响工人的行政问题,并且很多人相信这个变革不需要职工大会的许可。汽车厂是例外,提议了新工资系统并且赢得工人的支持被看得重要。因此,方案在职工大会上讨论,代表们批准了变革。

在内部行动者中,两个部门在设计和规划变革中很重要。企业管理部负责起草规章、拟定新的组织结构图、决

---

[1] 参考表2-6,它显示大多数厂长在1984年至1986年期间任命,那时变革被启动。

定部门间关系和企业内政治教育活动。人事处长帮助厂长挑选候选人，并且在一些案例中指示中层干部引进绩效评估。其他部门（例如财务）的影响是有限的。它们参与了信息提供。

1984 年至 1986 年组织变革的特征

组织变革的目标是两方面的。一个是调整厂长和党委书记的关系，给予厂长决策权。另一个是建立厂长领导下的有效和高效率的行政科层。这两个目标仅部分实现了。党委书记的管理权被减少，但厂长依然被党委约束。尽管厂长负责制给了厂长在组织结构和人事上的全部决定权，但是实践中战略决策由党委集体做出。电视机厂和电力开关厂的厂长说，他们的管理系统实际上是"党委领导下的厂长负责制"。甚至在厂长主导的企业，比如重型电力设备厂，重要问题依然需要党委的批准。

这显示变革并不影响党组织。给予厂长权力并不被看作挑战党的领导。实际上，除了电力开关厂，大多数厂长也是党员。他们的专业位置跟政治地位分不开。正如音响设备厂的一位处长所说：

> 理论上，我们已经用行政班子把党跟管理分开，分为党委和行政班子。实际上厂长是党委副书记，并且党委书记是行政班子成员。结果，很多决策特别是战略决策是由以前的同一拨人集体做出的。

结果 1984 年至 1986 年的变革限制在行政方面。

工业局的干预也很明显。因为矩阵结构需要企业和工业局部门的直接联系，组织结构的任何变化都影响它们。例如，在重型电力设备厂，厂长决定把大多数技术部门从总部大楼挪到车间。结果，大量涉及产品设计和生产过程的技术人员被分派到生产线，避免部门和车间的官僚程序。这个调整完成后，工业局技术部门发现很难跟技术人员沟通，并且工业局最后要求技术人员搬回总部。

大多数企业干部缺乏组织变革经验。制药厂和电力开关厂两家企业以前从来没有组织结构图。在重型电力设备厂和音响设备厂，厂长很快把所有车间转变为独立的利润中心。这种车间级别自主权的增加制造了一些混乱。车间主任拒绝接受管理部门分派的生产任务，而是从事其他赚钱的商业活动。厂长随后必须重新集中所有决策权和接管控制。

三　1987年至1988年政府干预的组织变革

1988年，北京市政府启动了一个改善国营企业劳动效率的官方计划。市政府引进了一套被称作"优化劳动组合"的政策。这引发了大多数企业的组织结构变革。

计划由市经委启动。市经委对大量企业进行了一项调查，发现劳动生产率令人失望。在1986年至1987年采用承包责任制后，政府期望企业干部执行合同劳动制，并通过引进劳动合同的方式改善劳动效率。人员过剩、低效率、人力资源的浪费和技术技能低等主要问题，不仅存在于国营企业也存在于合资企业。在调查基础上，市经委建议企业必须减少剩余人员，并且所有长期工作转为合同制。这项提议被市政府接受并叫作优化劳动组合。

这是一个有着"政治化过程"的官方运动——政治化过

程这个术语被 Riskin（1987）[1] 用来描述中国的社会变革。当市政府决定启动这个计划时，来自 16 个工业和商业局的 97 名高级官员被分配到 119 家企业推行计划的实施（北京市经委，1988）。每个工业局拟定了一个时间表，然后分配一些人员到企业监督变革。市经委设定的目标是到 1988 年底减少全部员工的 10%，到 1990 年底减少 30%。市经委也规定，到 1992 年企业的所有人员应该签订劳动合同。

市政府启动政治教育活动来推动企业变革。1988 年 7 月 15~17 日，市政府召开工业局高级干部和大型企业干部参加的三天大会。大会期间，先期试点合同劳动制的模范企业代表介绍经验，然后北京市市长做了一个号召全体官员、企业干部、党员干部和工人支持这项计划的讲话（陈希同，1988）。市经委组织五个学习班培训人事和劳动干部。工业局一共组织了 59 场培训活动，4270 名企业干部参加。[2] 后来，这些干部在他们企业内部组织政治教育活动，培训基层干部和员工。

媒体用政治口号宣传这些变革。从 1988 年 6 月至 8 月，北京市政府机关报《北京日报》发表了 9 篇关于优化劳动组合的社论，并报道模范企业的进展。这个计划被称为"改革的突破口"（《北京日报》，1988 年 8 月 14 日）。终身制被描述为"铁饭碗"（员工有一个赖以生活的工作职位），人事制被描述

---

[1] Riskin（1987：83-84）说："通过'经济决策的政治化'这一短语，我指三个事情：第一，选择总体标准的广泛使用（例如，工业应该支持农业，每个地区应该致力于建设全面而相对独立的工业系统，农村收入应该基本按照工作量分配并辅助每人'供应'，等等），这个总体标准从党中央和中央政府作为一般指示向下传达；第二，这些及其他选择指示经常通过口号形式表达（'两条腿走路'、'全力以赴，力争上游，多快好省地建设社会主义'、'又红又专'、'从实际出发'等）；第三，意识形态价值被替代为选择的客观工程或经济标准。"

[2] 参考北京市经委（1988）。这是北京市经委对优化劳动组合的总结报告。

为"铁交椅"(干部总是占据位置),以及工资制被称为"铁工资"(工资由政府保证)。这些变化被看作"破三铁",意味着所有员工变成合同雇佣,他们的工资将由工作评估决定。执行变革中的任何犹豫或延误被批评为"试图阻止改革"。因此,这项计划变成强制性的,要求每个人都完全接受。

在这种压力下,执行的步骤很快加速。当1988年7月政府宣布这项计划时,仅有44家企业实行合同劳动制。到了10月,这个数字飙升到770家,涉及36.6万员工。1989年初,据称另外1738家企业共78万员工参与。随后,据说1542家企业完成了执行过程。[1]

实际情况远不同于官方描述,并且有着很多问题。优化劳动组合政策产生了一种矛盾情况:它迫使企业从车间生产岗位解雇剩余工人,同时市政府坚持剩余工人必须留在企业,因为没有社会保障措施应付失业。企业干部被希望提供新的工作机会。市政府允许企业开办服务公司以吸收剩余工人。然而,后来发现,很多企业把这些工人安置在内部培训活动中,随后又让他们回到车间。真正离开岗位的是临近退休或者病退的工人。

很多工人觉得背叛和挫折,因为他们相信终身制是社会主义的优越性,而失业是资本主义的结果。[2] 他们的抵制使

---

[1] 参考龚树基(1989)。龚树基当时是北京市劳动局的负责人。这是他对优化劳动组合的总结报告。

[2] 参考国家体改委企业管理部(1989)。它报告,工人受传统社会主义概念影响,并认为"失业是资本主义的结果,在社会主义国家不应该有失业。因此,解雇工人跟社会主义原则相冲突;工人是企业的领导阶级,他们有权力在那里工作。从生产岗位解雇剩余工人被看作是侵犯工人权利"。这个报告发现,"这些概念鼓励一些剩余工人在从生产岗位上解雇后反叛和抱怨;他们也让一些干部怕犯政治错误。结果,一些干部并不执行这个计划,而是等待政策变化。"

很多干部不愿执行这个计划,因为他们希望避免直接面对员工。他们以半心半意而不是认真的方式实行这个计划。

但是,承包责任制的采用和市政府1988年的计划推动了企业的组织变革。1987年至1988年的重组劳动组织的6个决策被选中完成研究(表6-4)。汽车厂进入合资企业的决策发生在1987年——厂长决定为新的生产基地挑选合适的员工。其他5个决策是优化劳动组合的结果,减少员工数量是他们的主要目标。

表6-4 组织变革(1987~1988年)

企业	组织变革的焦点
汽车厂	引进合同劳动制和重组结构。这导致了四个分厂的创建和新绩效评估系统的引进
电视机厂	组织结构图的重新设计。这是撤销培训部门和建立党委书记领导下的公司文化部。它也建立了一个内部劳动市场,为剩余工人提供服务
重型电力设备厂	撤销培训部门和减少剩余工人。建立一个调动工人的内部劳动市场
制药厂	在市政府指示下,创建两个新车间和引进合同劳动制。重新安排部门之间的关系,任命党委书记为生产副厂长
音响设备厂	撤销7个部门和引进劳动合同制。把车间分为自负盈亏的小型商业单元
电力开关厂	撤销3个部门和引进劳动合同制。减少工人数量,并建立跟服务公司之间的交换关系,供应剩余工人

数据来源:数据来自1988年11~12月的访谈和档案。

周期和时间框架

这些优化劳动组合计划下的组织变革的一个特征是他们的活动由市政府设定。这个可以通过比较企业和市政府的日程来确定(表6-5)。五家企业的决策和变革都是按照工业局的愿望组织实施的。拟定结构变革和劳动合同、挑选合适的措施以及培训干部和工人是一个长期的过程。表 6-6 展示了决策过程中的主要活动和时间长度。

表 6-5 优化劳动组合计划中的政府活动和企业组织变革的时间框架（1987~1989 年）

日期	政府活动	企业决策活动
1987 年 3~9 月	承包责任制的采用，劳动部和人事部推动劳动管理改革，并在一些企业试点合同劳动制	汽车厂开始为合资企业设计新的组织结构。7 月，在生产车间进行一项工作研究，发现平均工作时间仅是 8 小时中的 4.6 小时。厂长决定建立指导小组为合资企业设计新的劳动管理系统
10~12 月	市经委开始调查承包责任制下的劳动效率	汽车厂评估 3 个替代性设计。最后一个包括一个组织结构图、合同制雇佣、绩效评估系统和一套关于责任和奖金的规章和政策。方案在职工大会代表中引起了激烈的争辩
1988 年 1~3 月	市经委在大量企业进行一项现场研究，发现国营企业的平均工作时间是 8 小时中的 3.2 小时。它起草了一个提议效率驱动的报告	汽车厂开始实行新的组织结构。干部和工人被要求签订年度合同 电视机厂和重型电力设备厂的厂长参与市经委组织的工作大会。大会上，他们接到市经委调查的通知。他们也被工业局要求准备劳动改革
4~5 月	市经委组织工作大会，会上企业厂长接到劳动改革政策的通知。模范企业简单介绍他们的方法和经验 16 家工业局启动企业干部的培训活动，挑选大型企业，包括电视机厂和重型电力设备厂，准备实行合同劳动制	汽车厂完成劳动合同并变成合资企业 电视机厂和重型电力设备厂开始为中层干部组织培训活动。它们的人事劳动干部跟工业局职员一起设计合同系统。电视机厂遵照工业局指示修改设计，以建立内部劳动市场 制药厂和音响设备厂参与工业局关于未来劳动改革和具体政策的培训活动

续表

日期	政府活动	企业决策活动
6~7月	这项计划被市政府正式称作"优化劳动组合"。市经委开始为各工业局设定完成计划的目标和日程 工业局继续培训活动和传达内部文件，包括对未来活动的政府政策、规章和指示。工业局官员跟企业干部紧密地连在一起执行计划	企业按照市经委日程分组。企业建立指导小组，由厂长、党委书记、工会主席、一名副厂长和劳动人事干部组成，除了电力开关厂，它被要求9月开始执行计划。大多数中层干部进行政治教育活动。人事劳动干部参观模范企业，学习经验 重型电力设备厂完成组织设计 制药厂建立改革其研究所的试验计划
8~9月	市政府颁布保护计划中的厂长和干部的规章。市经委敦促优化劳动组合的进展加速	电视机厂和重型电力设备厂完成其修订版设计并提交给职工大会。电视机厂党委书记领导一个培训部门的试验计划 制药厂和音响设备厂完成其设计。音响设备厂在采购部和仓库开始试验计划。电力开关厂开始培训干部
10月	10个职能局联合颁发一个允许企业开展多项经营作为雇佣剩余工人方式的政策	电视机厂完成试验研究并开始实行合同劳动制 重型电力设备厂挑选其培训中心试行劳动合同制 制药厂和音响设备厂决定实行变革 电力开关厂开始设计
11~12月	市经委评估进展并要求工业局完成计划。劳动局向市政府递交报告	除了正在评估其设计的电力开关厂，所有企业实行变革。12月末，电力开关厂厂长批准设计并决定引进合同劳动制
1989年 1~3月	市经委为进一步推动合同劳动制设定计划第二阶段的新目标	1月，电力开关厂开始实行变革，2月报告完成。其他企业向工业局报告它们实现了政府设定的目标

数据来源：1989年1~5月和7~8月在企业和市经委的访谈和档案。

表 6-6 显示，变革是复杂的。设计、评估等活动在找到满意方案前一直在反复。优化劳动组合执行决策花的时间几乎是 1984 年至 1986 年的两倍，平均 27 周。这个过程包括一些常规活动，比如①市政府、工业局和企业组织的培训活动，干部和员工被告知关于政策、规章和指示的基本情况；

表 6-6 组织变革决策过程的周期（1987~1988 年）

企业	方案的批准周期（周）	决策活动和变化
汽车厂	42	几乎 10 周设计工作研究措施，12 周在所有部门和车间进行研究，6 周挑选设计。最后的方案在职工大会代表中传达和讨论花了另外 10 周
电视机厂	35	行政班子内部讨论 2 周。组织结构的第一次设计花了 4 周，然后修改。花了几乎 15 周跟工业局一起完成设计。同时，培训活动开始。6 周试点劳动合同，花 4 周评估试验结果。在讨论 4 周之后，最后方案被职工大会批准
重型电力设备厂	30	16 周用来培训干部、设计和挑选组织结构。4 周跟工业局协商内部劳动市场问题，4 周在职工大会讨论。4 周完成试点活动。然后，厂长跟其他行政班子交换意见，并批准在其他部门的变革
制药厂	21	15 周完成组织设计和培训活动。同时，在研究所试验劳动合同。厂长和行政班子花 5 周讨论和批准变革
音响设备厂	18	干部花 13 周从其他工厂学习并设计他们自己的系统。合同制先在一个部门测试。剩余 5 周用来评估测试、修改设计和批准
电力开关厂	16	4 周培训干部。活动由于生产压力而停止。6 周后重新设计。4 周在行政班子中进一步讨论。工业局敦促加紧过程。2 周批准合同制
平均周期	27	

数据来源：重型电力设备厂的数据来自 1986 年 10~12 月的访谈和档案，其他企业的数据来自 1988 年 11~12 月的访谈和档案。

②建立负责组织设计的指导小组；③评估变革的多种方案；④在批准提议的变革前，测试劳动合同的试验活动并向厂长反馈。在组织和监督这个过程中，工业局起到了非常关键的作用。同时，因为变革影响员工利益，需要高层干部的支持来实行新的劳动管理系统。所有这些导致大量行动者参与这个过程（表6-7）。

表6-7　组织变革决策涉及的行动者及其职能（1987~1988年）

行动者		决策数量（总数为6）	招聘决策中的职能
外部	工业局	5	按照市经委计划启动变革。参与电视机厂和重型电力设备厂的设计和挑选活动，并批准电视机厂的设计
内部	职工大会	3	在汽车厂、电视机厂和重型电力设备厂：批准新的劳动管理系统
	厂长	6	牵头指导小组，参与设计和挑选，在一些案例中在提交职工大会之前批准方案。在制药厂、音响设备厂和电力开关厂最后批准
	党委书记	5	除了汽车厂，那里在1987年末至1989年初没有党委书记。大多数参与挑选组织设计，为批准跟厂长协商。在电视机厂，党委书记组织试验活动
	副厂长	6	大多数参与新劳动管理系统的设计和挑选
	工会主席	6	作为指导小组成员参与挑选，在一些案例的批准程序中协调职工大会
	企业管理处	6	组织政治教育活动，设计新的系统和起草部门和车间的责任规定
	劳动人事处	6	跟工业局协调，收集信息和传达劳动管理的内部政策，为厂长提供人事信息，起草干部和工人的劳动合同

数据来源：1988年10~12月、1989年1~5月和7~8月的企业访谈和档案。

表6-7显示，没有职能局的参与，比如市劳动人事局。但是，跟表6-3相比，工业局参与的数量从3个增加到5个。工业局特别关心大型企业。例如，电视机厂的第一个方案被工业局否决，它要求干部重新设计企业组织结构并建立内部劳动市场。在重型电力设备厂，劳动人事处与工业局一起跟其他企业交换工人。

表6-7也显示，职工大会参与了汽车厂、电视机厂和重型电力设备厂的三个决策，正如表6-3显示的，它仅参与了汽车厂的决策。这意味着，职工大会在大型企业里已经变得更加重要，并且职工大会确实批准了这些企业变革的最后方案。

然而，依然存在疑问的是职工大会是否有真正权力，或者它是否仅仅是一个橡皮章，因为正是厂长决定它是否应该参与。汽车厂、电视机厂和重型电力设备厂的厂长说，他们认为有必要获得职工大会的许可，因为优化劳动组合改变了工资系统，影响工人的利益。厂长需要职工大会代表说服剩余工人离开。其他企业厂长想法不一样，认为不必有职工大会的批准，因为变革是市政府强迫的。因此，无论职工大会是否同意，企业必须实行变革。

虽然厂长对职工大会有不同的想法，所有厂长都同意工会应该咨询和参与，因为工会代表可能作为行政班子和工人之间的中间人。工会只有有限的贡献，参与方案挑选但是对结果影响有限。

因为这个变革产生于一个"自上而下"过程，仅有管理和劳动人事两个部门参与决策。跟早期阶段一样，它们主要负责培训、跟工业局协调、设计管理系统，也起草部门责任和劳动合同。

四　组织变革的进展和问题

1988年的优化劳动组合计划跟1984年至1986年的厂长负责制有一些相似处。作为市政府改革活动，它们有着"自上而下"的过程，并且有相应的思想教育活动。但是，工业局参与优化劳动组合更多。作为一个政府贯彻的结果，企业必须实现市经委设定的目标。截至1988年底，除了汽车厂，所有企业都报告减少了10%的员工。1989年1月，市经委宣布优化劳动组合进入第二阶段，目标为减少国营企业的30%员工。

优化劳动组合引起了关于提高劳动效率的很多问题。企业内的决策和执行过程比以前花费时间更长，也更复杂。影响变革的关键因素是企业跟工业局的关系以及厂长跟党委书记之间的关系。此外，不完善的社会保障体制加深了优化劳动组合实行的困难。

工业局的干预

与1985年相比，1988年工业局控制企业的权力已经减少，很大程度上因为承包责任制的采用意味着工业局必须把自己跟企业管理分开。大多数关于人事和劳动管理的决策现在被下放给厂长。此外，1987年后厂长有更大权力决定工资和奖金。

然而，工业局保留了作为行政管理部门的关键角色，并且厂长和党委书记由工业局任命。投资等战略决策也需要他们的批准（详细讨论参考第七章）。工业局作为国家的代表，迫使企业接受政府的命令和政策。在实行优化劳动组合的过程中，可以非常清晰地看到工业局作为国家代表的角色。作为市电子工业办公室的高级官员，工业局局长主管电视机厂和音响设备厂，也就是说，工业局局长变成了市政府和企业的中间人。行政干预被看作改善企业管理的重要工具。如他所说：

> 我们非常担心，一旦企业厂长签订利润合同，他们也许会忽视管理。对干部来说，很容易通过涨价或降低质量来赚取利润。因此，有必要给他们施加一些压力改善管理质量。

可以毫不奇怪地发现，正是市政府，而不是企业，设定了变革的目标。正如一位市经委的官员所说：

> 我们制定5-5-1政策来实行优化劳动组合计划。这意味着第一个阶段50%的企业和50%的员工必须参与，并且10%的工人应该离开企业。我们的管理工具是工业局。通过工业局，我们能够执行计划和改善企业管理。

不同干部对优化劳动组合中的工业局干预反应不一样。电视机厂、制药厂和音响设备厂的厂长支持优化劳动组合计划，并且强调工业局干预有助于他们让剩余工人离开生产线。其他厂长相信，虽然这个计划是重要的，但是他们对市政府指示的命令也不高兴。他们希望在劳动优化前看到国家社会保障体制，否则几乎不可能实行优化劳动组合。

除了工业局的直接干预，矩阵结构把企业跟工业局联系在一起。企业中的部门跟它在工业局的相似科室的关系很难改变。图6-1展示了变革前后电视机厂的部门跟工业局的部门之间的矩阵关系。如上所见，优化劳动组合带来的变革意味着一些部门的合并和法律部门的创立。这个结构让内部文件、规章、决策批准和国家政策从工业局传达到企业。

120 | 中国企业的管理决策

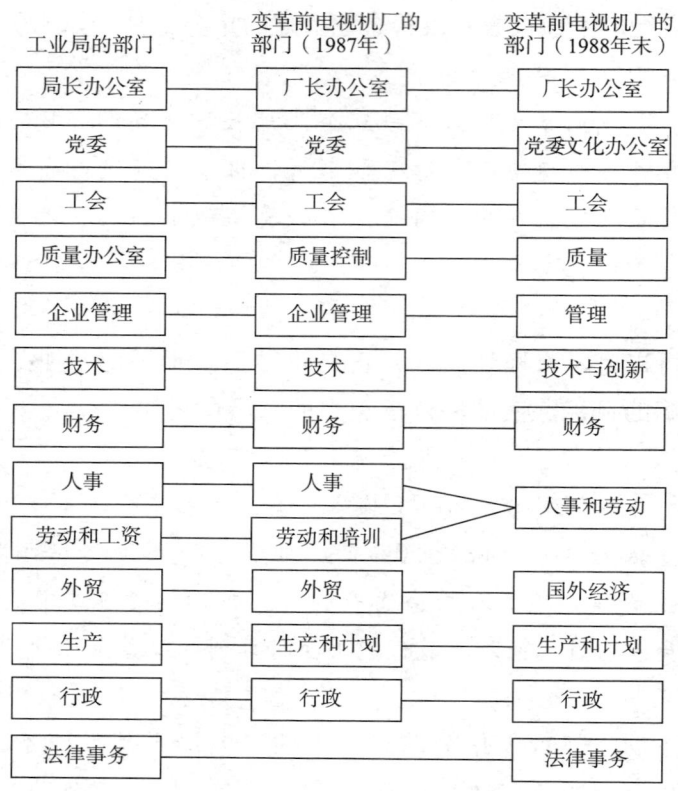

图 6-1　优化劳动组合前后电视机厂和工业局的部门之间的矩阵关系

数据来源：1988 年 11~12 月和 1989 年 3 月的电视机厂档案。

优化劳动组合并没有减少企业的福利义务。企业干部保留剩余工人以应付未来需要。例如，重型电力设备厂的厂长说，他必须遵照市政府交通委员会的命令，调派一组工人履行维护道路安全的职责。对电视机厂的调查发现，1989 年上半年它收到了不同机构的 242 个内部文件和指示。① 大约 20

---

① 这其中 154 个来自工业局，29 个来自市政府，26 个来自电子工业部，5 个来自市经委，4 个来自市计委，23 个来自不同的协会、部委公司和职能局。

个是关于员工福利和医疗的。1988年企业收到了343个内部文件，26个是处理福利问题的。这说明福利是一个受到关心的重要领域。①

有行政岗位的党委书记

按照政府的定义，冗余劳动力包括对生产没有直接贡献的工人和职员。因此，为党和工会工作的全职政工人员也属于这一类。然而，优化劳动组合并不公开鼓励政工干部的流出，实际上他们也被解职。表6-8比较了优化劳动组合引进前后的政工人员数量。如表6-8所示，党干部和党组织办公室大量减少。此外，企业开始引进新的人事政策，晋升标准强调干部的业绩，而不是政治态度。在6家企业中，厂长是最高权威，而党委书记是他们的助手。

表6-8　1988年优化劳动组合前后全职党干部和党办公室的数量

企业	党办公室数量（个）		全职干部数量（个）	
	优化前	优化后	优化前	优化后
汽车厂*	9	—	22	—
电视机厂	5	2	10	5
重型电力设备厂	5	2	15	8
制药厂	5	1	8	5
音响设备厂	4	1	8	4
电力开关厂	4	2	9	5

* 作为合资企业，汽车厂在1988年和1989年初没有党组织。
数据来源：1989年1~5月的企业访谈和档案。

没有市政府的支持，这种变化是不可能的。当优化劳动

---

① 这其中243个来自工业局，80个来自国家/市政府和部委，20个来自其他组织。

组合开始时，市党委号召全体党员和政工人员支持这项计划。① 然而，媒体上没有党组织是否重组或党员干部是否应该减少的报道。大多数模范企业的报告聚焦于干部和工人的关系。

在汽车厂，厂长担任党委书记，在企业宣布成为合资企业后，所有全职党干部被解职。电视机厂、制药厂和电力开关厂的党委书记担任综合行政和生产的副厂长。他们说自己应该理解生产，并且党务工作是企业业务的一部分。在重型电力设备厂和音响设备厂，党委书记不在管理系统里。党委办公室有较少的政治任务，主要是出版简报、承担技术培训和政治教育。

在6家企业中，没有厂长和党委书记冲突的记录——厂长已经建立了他们的权威。厂长负责制给厂长提供了挑选自己行政班子的机会，他们由行政班子和中层干部组成，直接向厂长而不是党委书记汇报。因此，厂长已经形成了他们自己的同盟。与党委书记相比，厂长更了解生产和技术，并且在企业工作了很多年。

承包责任制在合同中赋予厂长企业法人代表资格。它也将对政治态度和忠诚的强调转移到经济标准上，比如效率。这使干部和工人更加关心商业活动和生产任务。物质利益变成了对员工的主要激励，而政治认可等非物质奖励的吸引力快速下降。这削弱了党的干部的权威，他们通过政治激励控制员工。

在大多数企业中，大多数决策由行政班子做出。虽然党

---

① 李锡铭在1988年7月工作大会上的讲话（转引自龚树基，1989：3~4）。李锡铭当时是北京市委书记。

委书记参与这些会议,很明显他们的地位低于厂长。这种情况持续到 1989 年 6 月,北京的企业被通知重新恢复党委书记的权力。例如,在汽车厂,工业局任命了一名新的党委书记。在其他企业,党委书记被指示专注政治任务和更多负责人事管理。很明显,党对企业的控制日益削弱。作为放权进展的结果,厂长的权威已经牢固地建立起来。

优化劳动组合的困难和问题

一般来说,企业干部对解雇剩余工人很小心,在一定程度上避免跟工人的对抗。虽然厂长想提高效率,但是中层干部通常犹豫地行动。因此,三个主要因素妨碍了优化劳动组合的进展。

第一,开始前,尽管市经委命令减少 10% 的员工,但是市政府告诉企业为剩余工人提供工作机会。企业建立了不同的公司,大多数公司跟企业联系在一起,共享物资供应、运输、清洁、包装和贸易。一些公司开餐馆和酒店。电力开关厂成立了一个清洁公司为合资酒店服务,帮助企业安置了 80 多名工人。

第二,企业必须为员工提供福利。因此,不可能完全切断企业跟员工的关系。例如,很多员工住在企业宿舍里。如果他们离开,他们将必须放弃住房或宿舍。正如音响设备厂的一位干部所说:

> 我们确实希望一些工人离开,因为他们懒散或没有技术。但是我们不能摆脱他们,因为他们住在我们宿舍里。但是他们不能放弃宿舍区找其他住宿,因此我们必须留着他们。

第三，许多干部不喜欢引起摩擦。从生产岗位上解职的工人觉得他们丢了面子，意味着公开羞辱。因此，跟工人紧密一起工作的车间主任一般不愿意解雇他们。

虽然有一些剩余工人被转到了服务公司，但是许多人仍然留在企业等待被分配到车间。截至1988年底，5家企业向市经委报告他们已经完成了优化劳动组合，并减少了生产员工的10%。对这个数字的深入考察会揭示另一种情况。例如，音响设备厂报告它解雇了171名工人。他们中的30名（17.5%）转到了音响设备厂的服务公司，40名（23.4%）退休或长期有病，16名（9%）已经重签合同，仅有9名（5.3）被解雇。剩下的76名正在接受培训并随后回到各自的车间。在报告有超过300名工人离开的电视机厂，170名保留为内部劳动力并参与培训活动。后来，121名回到车间，剩下的转到服务公司或退休。制药厂报告它解雇了103名员工，其中24名接近退休或长期有病，27个转到服务公司和7名重签合同，剩下55名参与培训活动和/或转到新开的分厂，完成培训活动后回归车间。因此，优化劳动组合打了很大的折扣，因为许多剩余工人后来回归到他们以前的岗位。

更严重的是，虽然所有企业员工签订了一两年的劳动合同，但是仅仅新招聘年轻工人被这些合同约束，而1987年之前招聘的员工依然享有终身制。因此，优化劳动组合是一个缓慢的过程。官方统计显示，1987年国营企业的735万员工在合同劳动制下工作，占全部雇佣的5.6%。截至1989年，为1190万，占全部员工的11.8%（中国统计年鉴，1992：117）。因此，国营企业的大多数员工依然享有"铁饭碗"。

五　讨论和小结

本章比较了 1984～1986 年和 1987～1988 年企业中的决策过程和组织变革。这些过程漫长而复杂，涉及了很多行动者和活动。两个时期的过程具有一些相似性。这包括"自上而下"程序、政治化以及设计和评估活动。

总之，1987～1988 年的干部在组织设计上获得了自主权，并且决策权从党委书记转到了厂长手里，但是他们的自主权依然被工业局限制。连接企业中部门跟工业局对口部门的刚性矩阵结构妨碍了组织变革。此外，市政府为了执行政府政策或计划能够直接干预企业。伴随着企业自主权的增长，这种干预引起了干部和政府机构之间的冲突，就像 1988 年案例显示的。工业局保持了组织变革中的行政职权。

关于厂长和党委书记之间的关系，是厂长做决策，而在很多案例中党委书记担任副厂长。[1] 此外，1988 年优化劳动组合弱化了组织中党组织的全部结构，全职党干部的数量被减少。但是由于行政班子和党委会的成员关系经常交叉，党的影响可能依然在管理中发挥作用。

职工大会在决策过程中的作用需要进一步研究。虽然职工大会似乎已经参与了组织变革，并且理论上做了最后批准，但是它是否具有实际权力依然是个疑问。企业干部更看重工业生产中的关系，他们尝试跟工人维持关系并避免对抗。这个可能起源于中国人际和谐的传统观念和社会保障系统的缺乏，从而阻碍了优化劳动组合的进展。

---

[1] Chamberlain (1987) 对党委书记和厂长的关系提供了更加详细的讨论。

第七章 投资决策：产品和生产创新

一 作为战略决策的投资

对生产设备或技术过程的投资是企业长期发展的最重要决策之一。投资决策通常是复杂和长期的（Bower, 1970; Butler et al., 1993; Hickson et al., 1986; Lu & Heard, 1995; Marsh et al., 1988）。第一，一个投资项目要在企业商业战略和长期计划下进行。同时，投资项目有自己的独立过程，包括倡议、建议、设计、评估和批准等一套活动。然而，投资决策研究注意到，倡议阶段是关键的，在这个阶段产生想法、发展意图以及识别机会（Marsh et al., 1988; King, 1975）。在这个阶段，企业干部必须把他们喜欢的项目并入商业战略或长期计划，并发展项目细节。

第二，一项投资需要投入大量资源，包括财力、劳动力、技术、信息和原材料。它依赖控制资源分配和有权批准投资的人的承诺和支持。结果，具有多元利益和需求的内外部行动者的参与就不可避免（Bower, 1970; Lu & Heard, 1995; Marsh et al., 1988）。

第三，政府部门高层和企业干部之间的权力关系是不对称的。政府部门高层有权决定是否推进项目，但是企业干部总是试图以谈判和讨价还价的方式影响他们（Boweer, 1970; Marsh et al., 1988）。这是一个政治过程，非正式行为掩饰在正式程序和规则之下。企业干部实际上能够控制信息的流动并呈现一种项目的正面形象来说服政府部门高层接受他们的想法（Bower, 1970; Marsh et al., 1988; Pettigrew, 1973）。

投资被安排建设用于扩大生产厂房，或改善现有生产和技术。[①] 它也可能涉及新产品的开发。在中国，投资项目，特别是那些涉及建设的投资项目，需要国家批准。通常，三类机构参与投资决策过程。第一类包括负责企业技术创新和产品开发的工业局。它们也负责监督投资绩效。第二类是评估项目可行性以及对社会影响的职能部门，比如人员、外汇需要、跟地方建设计划的兼容及其对环境的影响。这些部门检查项目进展并且控制一些资源，比如能源、外汇、土地和劳动力。第三类由中央计划部门构成——政府部委、计划委员会和经济委员会，他们跟其他部门协调并做出最后审批。有了他们的批准，项目就可以看作进入了国家计划。

此外，银行业作为投资贷款来源而参与投资。贷款由中国投资银行和中国工商银行两个专业国有银行预付。项目银行贷款的批准不仅依赖银行自己的评估，也依赖中央或地方部门对项目的最后审批。

在1985年之前，投资资金有三个来源：国家拨款、折旧资金和企业自有资金。1985年之前，企业把所有折旧资金和利润上缴给国家。它们的投资项目由计划部门决定，后者分配国家拨款给企业。在放权活动期间，这个体制逐渐变化。

[①] 这里的讨论限于直接投资，而不是证券投资或股票市场的投资。

从 1982 年起，政府开始用银行贷款取代拨款，收取利息。[①]同时，政府允许企业提留折旧资金来进行生产开发和技术创新。[②] 折旧率由 1983 年的平均 4.1% 增长到 1986 年的 4.9%（财政部，1988：500）。自有资金包括提留利润和来自投资公司等金融机构的借贷。正如中国人民银行注意到的：

> 征税之后，企业必须从生产发展资金中提取 10% ~ 30% 作为流动资金的补充。新企业或扩大企业的流动资金由批准投资项目的机构提供。地方机构、政府部门以及安排自有资金给新建设或企业生产扩大的企业必须提供流动资金的 30%（商业企业是 10%）。（资金到位后）银行将批准贷款（中国人民银行，1988：507）。

投资体制的改革旨在创造多元资金来源，并减少企业对国家拨款的依赖。它也打算迫使企业对项目绩效负责。

1984 年，中央政府开始把投资审批权下放给地方政府。国家计委将投资资金门槛由 1000 万元提升到 3000 万元。结果，如果地方政府有足够的资金来源和投资性质符合国家政策，它们就可以自由决定低于国家计委限制的投资项目。[③]

---

① 这个政策叫作"拨改贷"。它首先在 1979 年试点，1982 年大规模引进。从 1979 年到 1987 年，银行贷款占全部投资资金的 35.2%。参考国家计委体改司（1988）。

② 折旧改革开始于 1978 年，那时政府允许企业提留 50% 的折旧。1979 年，这个增长到 100%。然而，1985 年规章略有变化，企业允许保留 70%，剩余 30% 由工业局管理。1987 年这个规定再次修改，企业允许保留折旧的 100%。参考财政部（1988）。

③ 参考钟成勋（1993）。钟成勋及其同事认为，1984 年的投资决策放权没有把自主权下放给企业。大多数决策权被地方政府截留。此外，1989 年国务院颁发了一个关于全国工业发展的政策。这个政策把工业部门和产品分为三类：战略性、非战略性和限制性。政府鼓励战略行业的投资，允许地方政府和/或企业资助非战略行业，但是干预限制行业的投资。

国家计委也改革项目审计制度并宣布大型投资项目必须由其咨询单位评估。

把投资批准放权给地方政府似乎促进了投资活动。[①] 与1983年相比，1984年的投资资金增长了21.8%。[②] 1988年，全国投资比1987年增加了18.5%（钟成勋，1991：97）。这个快速增加由"投资饥饿"推动，Kornai（1980）使用这个术语描述社会主义经济中的企业行为。《经济日报》（1988年11月14日）报道，地方部门把大型项目拆分成大量小项目，每个项目都低于国家计委的门槛，控制在地方政府手里。地方政府使用这种方式避免中央政府的评估和审批。就像张绍杰及其同事（1987）已经注意到的，中国的投资决策由于政府干预而复杂化。企业、地方政府和中央政府追求自己的利益，最后导致无效率和糟糕的结果。[③] 世界银行认为，放权本身并不确保效率，但是在保障投资项目绩效中公平竞争和定价的建立更为重要（World Bank，1988）。

对投资控制的减少促进了通货膨胀的上升（田源等，1989；《北京评论》，1989）。为了控制通货膨胀，1985年至1988年政府采取措施集中投资审批。这些行政方法包括：

- 一项重新考察建设项目和取消非生产投资的广泛活动；
- 冻结新的投资项目；
- 减少对经济不重要项目的银行贷款；
- 国家计委集中项目审批。

[①] 钟成勋（1993）认为，地方政府被激励有更多投资项目和在投资决策中有更多自主权，因为投资有助于地方经济发展和增加就业。在追求地方利益中，地方政府愿意参与企业投资并游说中央政府增加投资预算。
[②] 参考国家体改委综合计划部（1988）。
[③] 钟成勋（1993）注意到，地方政府被激励按照地方经济利益增加投资项目。因此，许多项目是跨省份重复建设的。

这些政策和行政控制的影响是模糊的。按照报纸报道，为了在被国家冻结前完成，一些项目加快了进度（《经济日报》，1988年11月14日）。一些组织忽视国家政策，继续投资对经济发展没有贡献的项目。面对这种挑战，国务院派出了很多小组到各省市监督政策的执行（《经济日报》，1988年12月20日）。

二　两个阶段的12个决策投资

1980年至1989年，6家企业经历了投资决策的两个阶段。第一个阶段是1980年至1985年，在此期间投资由工业局和部委决定，国家拨款是主要资金来源。第二个阶段是1986年至1989年，企业开始使用自有资金，市政府参与决策。表7-1列出了1980年至1989年企业推动的主要投资项目。

从1980年到1985年，企业似乎比后期有更多投资项目。大多数投资都涉及国外技术的引进或者新车间的建设。1985年之后，一些企业，包括重型电力设备厂、音响设备厂和电力开关厂，逐渐减少它们的投资规模。这部分因为它们聚焦于发展生产和已引进投资项目的管理；部分因为政府用银行贷款取代拨款的政策，使得企业很难自己开展进一步的投资。

表7-1中的12个决策被挑选来研究放权活动期间发生的变化。表7-2展示了它们的内容和投资资金。阶段一的6个决策启动和/或完成于1985年；阶段2的6个完成于1985年之后，5个完成于1988年或1989年。在每个阶段，3个决策涉及生产，3个决策涉及新产品开发。

表7-1　6家企业生产设备的主要投资项目和产品
开发计划（1980~1989年）

企业	生产设备和新产品开发的关键投资项目	周期（年）
汽车厂	1. 从一家日本公司引进一个新型号*	1984~1985
	2. 跟一家香港公司成立一家合资企业*	1984~1988
电视机厂	1. 从一家日本公司进口一条装配线	1980~1981
	2. 从一家德国公司进口一条装配线	1981~1983
	3. 投资一个生产车间*	1983~1985
	4. 出口生产能力的扩大	1984~1986
	5. 从一家日本公司进口一条过程生产线*	1988~1989
重型电力设备厂	1. 来自一家美国公司的技术转移	1983~1985
	2. 从一家德国公司引进一条工艺生产线*	1984~1986
	3. 从一家德国公司进口一条生产线和一个新产品设计	1984~1987
	4. 一个节能新产品的开发*	1988
制药厂	1. 在一个生产车间投资来扩大生产	1981~1983
	2. 进口灌装技术*	1985~1986
	3. 在一个生产车间和生产规模上投资*	1987~1989
音响设备厂	1. 来自一家日本公司的技术转移	1981
	2. 从一家香港公司进口一个产品设计*	1983~1984
	3. 一个电视产品元件的开发	1985~1988
电力开关厂	1. 参加部委组织的一个新产品开发活动	1982
	2. 从一家德国公司引进技术*	1983~1984
	3. 一个新产品开发项目*	1988

* 本研究讨论的项目。

数据来源：重型电力设备厂的数据来自1988年10~12月和1989年1~7月的访谈和档案，1985年、1986年和1987年的中欧国际工商学院的MBA项目报告；其他企业数据来源于1988年10~12月和1989年1~7月的访谈和档案，1985年、1986年、1987年、1988年和1989年的中欧国际工商学院的MBA项目报告。

132 | 中国企业的管理决策

表 7-2 阶段一（1985 年前）和阶段 2（1985 年后）的投资决策

企业	阶段一（1985 年之前）		阶段二（1985 年之后）	
	投资	数额（元）	投资	数额（元）
汽车厂	开发一个新模具	2000 万	成立合资公司和在为内部技术转移的生产设备上的投资	25000 万
电视机厂	一条新生产线的建设	2100 万	生产能力扩大和电器产品基地建立的投资	1300 万
重型电力设备厂	投资于来自一家德国公司的技术转移的工艺车间	160 万	新产品开发	20000
制药厂	投资一个生产车间扩大生产规模	370 万	建设新生产车间和设备的投资，扩大生产规模	7000 万
音响设备厂	一个产品设计的引进和模具车间的投资	250 万	电视产品元件的开发	35000
电力开关厂	从一家德国公司引进产品设计和生产技术	140 万	修改现有产品满足市场需求	15000

数据来源：重型电力设备厂的数据来自 1988 年 10~12 月和 1989 年 1~7 月的访谈档案，1985 年、1986 年和 1987 年的中欧国际工商学院的 MBA 项目报告；其他企业数据来源于 1988 年 10~12 月和 1989 年 1~7 月的访谈档案，1985 年、1986 年、1987 年、1988 年和 1989 年的中欧国际工商学院的 MBA 项目报告。

第七章 投资决策：产品和生产创新 | 133

表7-3 阶段一（1985年前）和阶段二（1985年后）的12个投资决策的周期和时间框架

企业	阶段一的投资决策		阶段二的投资决策	
	周期（月）	主要活动	周期（月）	主要活动
汽车厂	18	这个项目包括在部委的长期计划中。企业和部委研究所花一年时间完成设计。花了另外4个月按照部委愿望修改设计。最后批准花了两个月	51	花10个月把想法并入国家计划。批准花了几乎3年。期间，企业将分厂搬到新地址并改变了其合资伙伴
电视机厂	18	企业花14个月在跟部委协调中设计生产线。另外花4个月获得最后批准	30	花10个月获得国家计委的批准。设计和可行性研究花了超过1年才完成。银行业为评估延误了3个月
重型电力设备厂	22	花1年获得市计委的批准。跟部委延误了大约6个月。跟银行的谈判大概花了4个月	5	产品设计仅花了1个月，另外4个月获得市科委的批准
制药厂	24	获得工业局和国家计委的批准超过1年，并且可行性研究花了1年	25	花9个月把项目进入市发展计划。市计委很快给予批准，但是花了超过1年获得不同职能局的批准

续表

企业	阶段一的投资决策		阶段二的投资决策	
	周期（月）	主要活动	周期（月）	主要活动
音响设备厂	31	项目被部委研究所延误。因此，它几乎花了两年才让方案获得批准。剩余时间花在可行性研究上	41	方案首先被工业局否决。然后，企业两年后重提。花了几乎9个月让厂长做出决策
电力开关厂	12	头4个月花在跟部委的谈判上。其他8个月用在方案准备和可行性研究上	7	花3个月做市场调研。最后决策4个月后做出
平均周期	20.8		26.5	

数据来源：重型电力设备厂的数据来自1988年10~12月和1989年1~7月的访谈和档案，1985年、1986年和1987年的中欧国际工商学院的MBA项目报告；其他企业数据来源于1988年10~12月和1989年1~7月的访谈和档案，1985年、1986年、1987年、1988年和1989年的中欧国际工商学院的MBA项目报告。

周期和时间框架

按照项目的性质，投资决策过程的周期有所不同。大型投资项目，比如新厂房的建设，可能是一个漫长的过程，而新产品开发也许只花几个月。表7-3展示了12个决策的周期和主要活动。

平均来说，阶段二的投资决策比阶段一花的时间更长：超过了26个月，而不是20.8月。最长的决策过程是汽车厂的决策，花了几乎4年，从1984年到1988年。决策是跟香港公司建立合资企业，涉及技术转让、新产品开发以及在新制造基地的投资。这个在后面的汽车厂案例中详细讨论。在电视机厂、重型电力设备厂、音响设备厂和制药厂的扩大生产决策周期从1年到3年，有所不同。阶段二的重型电力设备厂和电力开关厂的产品开发项目的决策很快做出，分别花了5个月和7个月。音响设备厂的产品开发决策花了超过3年，从1985年到1988年。决策是关于建设一个新生产线的，但是它被工业局延误了，并且最后音响设备厂修改项目开发元件产品。

大型投资的漫长过程涉及很多复杂活动，主要分为两个阶段。第一个阶段是方案。企业拟定一个投资方案并且提交给合适的机构——计划委员会、市政府或部委——批准。这个程序是非常花时间的，并且问题复杂。案例研究显示，很多因素可能延误批准。例如，国家计委采用一种项目预审制，由其咨询单位执行，并且评估程序要花几年。发生在1984年至1988年的汽车厂投资项目的1年被用在完成例行评估上。如果企业跟有关部委的利益冲突，这种延误也可能发生。在音响设备厂的案例中尤其如此。

第二个阶段是可行性研究的批准。企业必须提供建设设计、市场调查和投资预算的技术细节。它通常花较少时间获得可行性研究批准。这是项目进入国家年度建设计划后的最后授权。

这些投资决策中的行动者参与程度由两个因素决定——投资的性质和金额。表7-4展示了1988年投资决策的门槛。

表7-4 1988年投资决策的门槛

授权部门	投资门槛（万元）
国务院	> 20000
国家计委	3000~20000
部委/市政府	100~3000
工业局	< 100

注：这些门槛按照国家政策和项目性质调整。例如，制药厂1987~1989年提出的投资由市计委而不是国家计委批准，虽然申请是7000万元，超过了市政府的权限；原因是这个项目不是战略性的，并且投资资金由地方机构出，没有国家拨款。

这些门槛决定了做出最后批准的级别，表7-5展示了两个阶段这12个决策的批准等级。

表7-5 阶段一（1985年前）和阶段二（1985年后）的12个投资决策的批准等级

企业	授权部门	
	阶段一（1985年前）	阶段二（1985年后）
汽车厂	工业部	国务院
电视机厂	工业部	国家计委
重型电力设备厂	国家经委和工业部	市科委
制药厂	市计委	市计委
音响设备厂	市计委	厂长
电力开关厂	工业部	厂长

投资决策中的企业自主权是变化的。阶段一的所有决策都由政府部门批准，在阶段二厂长批准了2个决策。1985年前，生产设备或产品的任何改变都需要工业局或部委的许可。最集中的案例是汽车厂在阶段二的投资方案，最后批准部门是国务院，这是因为涉及巨大金额的投资。因此，企业自主权是有限的，并且政府部门依然掌握着对投资的控制。

在最后批准做出之前，许多其他政府机构作为投资决策的评估者运行。表7-6列出了12个决策设计的行动者。表7-6显示投资决策的复杂性由不同部门的参与而引起，每个部门都有批准的权力。汽车厂的投资决策（1984~1988年）涉及了一些外部企业，市政府和部委作为供应商和协调人指导项目。新产品开发的决策也许涉及部委研究所——就像汽车厂和重型电力设备厂的案例中那样——设定产品标准和支持技术创新。

内部的行动者中，技术人员和技术干部也很关键，因为他们是产品开发和生产设备投资的发起人。他们负责项目设计和可行性研究。在项目设计和挑选阶段，行政班子通常提供技术设计的细节，撰写报告，组织可行性研究代表组、市场考察和评估大会，做出新技术、劳动力雇佣和供应保障的安排。有趣的是，仅仅大型企业在项目设计中咨询财务经理。在大多数案例中，则是技术干部做出投资的财务分析。讽刺的是，没有销售部人员参与决策，市场调查由技术干部进行。

表7-6 12个投资决策涉及的行动者及其职能

行动者		决策数量 阶段一	决策数量 阶段二	投资决策中的职能
外部	国务院	—	1	批准汽车厂项目（1984~1988年）
	国家计委	1	2	批准战略性项目，就像汽车厂和电视机厂方案
	国家经委	1	1	批准技术创新，比如在阶段一的重型电力设备厂方案和阶段二的汽车厂投资
	部委	4	2	批准长期计划下的项目和技术转移，比如汽车厂和电视机厂的项目，阶段一重型电力设备厂方案
	市政府	—	1	仅仅参与制药厂的案例，因为它对市政府的战略项目是重要的
	市计委	3	3	批准市政投资，比如在制药厂。它也批准大型投资项目，比如电视机厂和汽车厂
	市经委	3	3	批准技术创新，比如阶段一制药厂和重型电力设备厂的项目。它也批准设计技术转移的大型投资项目，比如电机厂和汽车厂的方案（1984~1988年）
	工业局	6	6	批准大多数投资项目和技术创新
	职能局	1	4	评估投资项目对社区、基础设施和环境的影响。没有参与企业自有资金的两个产品开发项目
	银行	2	4	评估投资贷款申请。没有参与阶段二机床设备厂和电力设备厂开发关于阶段二重型电力设备厂和电机厂的产品开发

续表

行动者		决策数量（总数为6）		投资决策中的职能
		阶段一	阶段二	
外部	投资公司	1	1	仅在汽车厂作为投资伙伴
	其他	1	2	部委研究所负责设计和评估。市科委批准重型电力设备厂1988年的项目。国家计委的咨询单位参与汽车厂和电视机厂的评估。大量供应商参与汽车厂作为协调者和供应商参与汽车厂的项目。
内部	厂长	6	6	给予投资方案第一次批准和组织评估程序
	副厂长	6	6	组织项目设计和企业内挑选
	技术处	6	6	设计新产品和/或产品技术转移程序
	计划处	5	4	起草企业投资计划，跟部里和工业局协调
	生产处	3	3	评估生产能力和提高相关信息
	财务处	2	2	帮助技术人员起草投资预算方案
	供应处	1	1	仅在汽车厂方案（1984～1988年）：提供供应数据
	人事处	1	1	仅在汽车厂方案（1984～1988年）：提供劳动力供应数据
	建设处	2	3	拟定并可行性研究报告的建设计划

数据来源：重型电力设备厂的数据来自1988年1～7月和1989年10～12月的访谈和档案，1985年、1986年和1987年的中欧国际工商学院的MBA项目报告；其他企业数据来源于1988年10～12月和1989年1～7月的访谈和档案，1985年、1986年、1987年、1988年和1989年的中欧国际工商学院的MBA项目报告。

三 对计划部门的依赖

任何大型生产设备投资必须进入部委或工业局的五年计划，后者又进入国家计划。就像汽车厂和电视机厂案例揭示的，来自计划部门的计划或分配鼓励企业进行这样的投资。即使在产品创新的投资中，计划部门仍然能够扮演发起者角色，比如在重型电力设备厂案例中发现的。市科委想推动一种新型节能产品的开发，并且想让重型电力设备厂开发它。然后，市科委提供必要的资金，并指示地方企业接受产品。

企业依靠计划部门控制的资源。1985年之前，所有投资项目依靠国家拨款，并且仅有很少部分资金来自其他渠道。1985年后这种情况变化了，银行贷款变成了投资资金的主要来源。表7-7总结了1985年前后的资金来源。

表7-7 投资资金的来源

企业	阶段一（1985年前）投资		阶段二（1985年后）投资	
	总投资（万元）	来源	总投资（万元）	来源
汽车厂	1000	25%银行 25%部委拨款 50%自有资金	25000	60%银行贷款 25%合资伙伴 25%自有资金
电视机厂	2100	60%银行贷款 40%部委拨款和自有资金	1300	90%银行贷款 1%部委拨款 9%自有资金
重型电力设备厂	160	75%银行贷款 7%部委拨款 18%自有资金	2	市科委拨款

续表

企业	阶段一（1985年前）投资 总投资（万元）	来源	阶段二（1985年后）投资 总投资（万元）	来源
制药厂	370	90%银行贷款 10%自有资金	7000	90%银行贷款 10%自有资金
音响设备厂	250	61%银行贷款 39%自有资金	3.5	自有资金
电力开关厂	140	60%部委拨款 40%银行贷款	1.5	自有资金

数据来源：重型电力设备厂的数据来自1988年10~12月和1989年1~7月的访谈和档案，1985年、1986年和1987年的中欧国际工商学院的MBA项目报告；其他企业数据来源于1988年10~12月和1989年1~7月的访谈和档案，1985年、1986年、1987年、1988年和1989年的中欧国际工商学院的MBA项目报告。

1985年后，企业对计划部门的财务依赖仅部分减少。企业来自折旧和提留利润的自有资金通常不足以支持投资。同时，银行贷款仍然依赖指标或计划委员会的许可。如果一个项目不能进入国家投资计划，获得银行贷款实际上是不可能的。

此外，企业对计划部门的依赖在市场前景方面也很明显，因为跟投资相联系的产品将放在部委的核准清单上。那些选择执行部委或工业局项目的企业将会有稳定的分配渠道。例如，市科委要求地方客户购买重型电力设备厂的新产品。这对于投资的绩效是非常关键的。相反，音响设备厂提出在音响产品上投资，但是这个方案并不与工业局计划匹配。企业实行这个项目，但是出现了困难，因为音响设备厂缺乏有关机构的财务资源和支持，以获得新的营业许可来销售和贸易音响产品。由于这些问题，这个项目最后被放弃，并且实际上生产元件。

最后，有关机构和官方咨询单位是决定一个项目是否实行的关键力量。无论有关机构何时有要求，也不管它是否不切实际，企业干部都有义务改变其方案或设计的内容。就像制药厂的首席工程师所说："每次与每个局打交道时，我们都改变我们报告的细节。当电力局质疑我们电力需求的估计时，我们减少数字。"这个默会理解就是：不接受电力局的观点意味着新投资需要的额外电力供应将不会到来。

这个过程可能给企业带来沉重的负担，因为在所有投资决策过程阶段中由外部机构实行的控制将导致严重的延误。虽然企业第一反应是抓住一个获得部委规划项目的机会。就像电视机厂一位处长所说，这是一个"先拿下来再说（细节）"的问题。项目的内部讨论通常是几周的问题，但是得到外部确实的批准可能需要几年。

当企业走常规程序时，工业局为投资决策设定条件。虽然高层机构跟企业之间的关系似乎不对称，但是实际上企业干部能够凭借优良的技术知识确保一些主动性。

相同行业的企业为项目分配而竞争。这里，关系以及企业跟部委或工业局的联系充当了有力的工具。例如，在经济基础上电视机厂不是扩大特定产品类型的最佳地方，虽然它被挑中。这部分因为其厂长以前在工业局工作过很多年，结果跟工业局和部委的关键人建立了一种紧密的私人联系；另一个因素是部委喜欢在北京的投资，其官员因此很容易监督项目。

干部可能忽视市场信息而依赖有关部门提供的信息，但是他们偏向聆听销售人员的意见，虽然似乎这些意见从来没有被系统地收集和分析。当时存在国家政策的突然转变可能否定市场研究，也就存在对市场研究价值的较多怀疑。对有关部门信息的依赖跟确保投资花费的最后审批相连。通过接受有关机构倡议的投资项目，企业干部有意识地避免它们自己信息来源跟有关机构投资意图之间差异所产生的冲突。

典型的例子是制药厂的情况。这家企业安排了一组MBA学员进行一项市场调查。结果显示，企业每年应该维持30000万单位的生产水平。这个预测建立在总体市场规模以及主要生产企业的竞争地位的基础上，并且跟企业干部想法接近，因为它跟销售人员的报告和过去几年的销售增长率一致。当市政府高级官员视察企业时，他们提议把生产能力扩大到每年50000万单位。虽然很多企业干部同意市场调研的预算，但是企业采用了更高的投资预算。就像一位企业干部所说，预算规模由市政府确定，它偏爱大规模投资。如果企业遵守MBA学员的建议，这个项目可能会被取消，因为官员已经认为它不值得投资。当项目在1990年中期完成时，竞争非常激烈，有超过400个竞争者，并且制药厂必须减产。因此，MBA团队对市场的预测比有关机构预算更加准确。

四 大规模投资项目：汽车厂的案例研究

在12个投资决策方案中，汽车厂1984年至1988年的决策是最长也是最集中的。因为项目超过了国家计委的预算限度，最后由国务院批准。这是一个复杂的决策过程，由许多子决策构成，并且其内容数次更改以符合不同部门的要求。这个过程概述如下。

1984年初，机械工业部和北京市政府共同计划在北京建立一个大型汽车生产基地。对于市政府来说，发展汽车工业是一个长期战略。1984年初,机械工业部急于发展一个由一家日本公司特许的新产品模型。它想要更新产品设计和生产技术,汽车厂是这个项目的一部分。汽车厂的一组技术人员跟部委研究所一起商量这个新的行动,目的在于由汽车厂牵头,并且整合其他地方企业参加这个活动。

这个项目被列入了机械工业部的长期规划。1984年11月,国家计委、国家经委和国家体改委跟机械工业部共同组织了一个讨论工业战略的全国大会。在大会上,汽车厂被挑选作为由机械工业部颁发证书的三大汽车生产基地之一。随后,国家计委指示汽车厂承接来自日本公司的技术转让,并增加其生产以满足市场需求。这项投资被正式批准,并且这个投资计划进入了国务院的"七五计划"(1986~1990年)。企业开始起草其投资方案。从1984年到1988年,数次重要事件影响了这个项目。表7-8记录了决策的过程。

表7-8　汽车厂投资决策大事记（1984~1988年）

日期	主要事件
1984年春季	机械工业部分配一个新的产品模型（由一家日本公司特许）给汽车厂
1984年10月	跟一家国家投资公司的协商活动
1984年11月	三个国家委员会和机械工业部拟定了汽车工业的长期发展战略。汽车厂被挑中作为一个关键的生产厂家。机械工业部也引进一个意向伙伴协商成立一个合资企业
1984年秋季	在市政府帮助下,并购一家地方厂作为新的生产基地
1985年3~8月	准备投资方案报告。机械工业部组织两个内容评估会
1985年10月	方案提交给国家计委
1985年11月	国家计委咨询单位评估方案。国家计委指示修改方案

续表

日期	主要事件
1985 年 5 月~ 1986 年 10 月	企业开始将其生产车间搬到新基地
1986 年 3 月	准备新的投资方案并提交给机械工业部
1986 年至 1987 年	企业、投资公司和香港伙伴之间的谈判
1987 年 12 月	国家计委批准方案，但指示减少投资金额
1988 年 3 月	可行性研究报告和建设设计被批准
1988 年 3 月	合资企业合同批准

数据来源：数据来自 1988 年 10~12 月和 1989 年 1~7 月的访谈和档案，1985 年、1986 年、1987 年、1988 年和 1989 年的中欧国际工商学院的 MBA 项目报告。

最初的想法是根据来自日本的技术改进汽车厂的产品，并通过更新设备来增加其生产能力。为了实现这一点，汽车厂需要大量资源投入。首先就是需要一个基地来重新安置其制造设备。市政府通过让汽车厂接管一家地方工厂来解决土地问题。

然而，最严重的问题是向投资项目提供资金。估计汽车厂需要超过 10 亿元来更新其落后技术和生产设备。市政府和机械工业部都没有足够的资源。此外，1984 年是放权活动中的一个关键年份，国家停止为国营工厂投入资金。因此，机械工业部要求企业从两个渠道寻求资金。第一个是新成立的投资公司。第二个是跟外国投资者成立合资企业，并且机械工业部介绍了一家美国公司作为意向伙伴。

1984 年 10 月，厂长接触一家国家投资公司的主要负责人，这人是他以前的大学同事。他们的关系是推动他们合作的重要因素，因为投资公司很快同意提供资金。市政府和机械工业部为项目吸引其他伙伴，包括两个其他部委和大量公司。他们形成了提供资金和原材料的联盟，总投资为11亿元。1985年，一个由技术和计划干部、外加大量其他机构人员组成的小组一起工作，完成方案。

这个方案修改了好几次。它首先提交给工业局、市计委、市经委和机械工业部。1985年初，市政府和机械工业部组织了两个方案评估会。同时，跟一家美国公司的谈判也在进行中。1985年10月，方案提交给国家计委，并且由国家计委的项目审计机构（官方咨询单位）进行方案评估。1986年11月，也就是方案提交一年后，国家计委做出了决策。它拒绝了合资方案，但它建议企业更新和维修其制造设备。国家计委变得担心，是因为1985年的汽车市场不景气。国家紧缩政策减少了资金供应，导致销售减少。国家计委拒绝方案也有其他理由——有着相似产品的四份方案，并且国家计委相信涉及的数额太大。

然而，当国家计委评估项目时，汽车厂已经把一个分厂搬到了新基地。有了市政府的支持，它坚持其合资计划，因为这将给它进口关键原材料和成品出口的完全外贸自主权。投资公司同意使用其香港公司作为国外伙伴。投资额减少到6亿元，并且汽车厂在1986年3月把修改报告提交给国家计委评估。

在1987年至1988年初，国家计委和机械工业部就项目做了大量沟通并在1987年12月最后批准，虽然投资资金减少到2.5亿元。可行性研究报告在1988年3月批准。一个月后，国家对外经济贸易委员会批准合资合同。项目建设随后开始。

4年期间，这个项目涉及25个组织，包括国务院、4个委员会、3个部、3个市政府机构、工业局和5个职能局、2

个部委研究所和 6 个作为供应商和协调人的其他企业，加上投资公司，香港公司和两家银行。因此，这样的大型投资项目过程复杂而漫长。

另一个例子是电视机厂的方案，1986 年批准。这个项目最初也由机械工业部发起，并且投资金额被减少，从 1900 万元减少到 1300 万元。批准涉及 3 个国家委员会、2 个部、2 个市委员会和 2 个局。这个项目涉及购买一块土地，建设一个新车间，因此需要土地局和城市建设项目的批准。为了避免进一步的官僚程序，机械工业部和工业局最后放弃土地购买计划，而是决定在电视机厂现有基地上改造一个旧生产车间。

与 1985 年前的情况相比，第二阶段的投资项目更多受职能机构约束。按照市体改委企业改革办公室负责人的说法，第一阶段投资项目批准的关键机构是计划委员会和经济委员会、机械工业部和地方工业局。但是 1986 年，这个名单又包括项目审计局（官方咨询单位）、职能局、银行以及其他项目相关机构。例如，设计建设的投资需要由市建设规划局评估，投资扩大生产需要电子工业局的允许，它直接分配指标给工业企业。涉及的其他局要处理环境保护、运输、水供应、劳动和人事方面的事务。计划委员会仅在这些部门同意后才给最后批准。

因此，阶段二职能局作为权力中心出现，削弱了工业部和工业局的地位，延长了决策过程。即使项目由市政府发起时，延误或中断也可能发生，就像制药厂案例显示的。这家企业因为其上报出口赢得了市政府的奖励。因此，1987 年市计委和市经委拟定了一份地方工业发展战略，制药厂被挑中推动外贸。1987 年 10 月，市政府的一群高级官员视察了制药厂并对其成就印象深刻，立即决定支持其更新生产。这个项目由市计委全额资助。虽然没有涉及中央政府部门，这个过程依然复杂，因为市计委并没有资助项目的资源。它花了两年多才确保投资到位。在市计委最后批准前，这个方案最终获得不同部门的 46 份批示。

五　新产品开发：企业自主权的增加

1985 年前，没有投资决策由企业厂长批准的情况发生。1985 年后，有两个案例（音响设备厂和电力开关厂）不需要计划部门的批准。两个案例都是产品开发，并且小到企业自己可以提供资金。这意味着只要财务问题能够解决，企业能够批准自己的项目。

音响设备厂的项目 1985 年中期由相关局发起，想要发展音响产品。几家地方企业，包括音响设备厂，竞标这个项目。音响设备厂处于弱势地位，因为它生产磁带而不是音响产品。音响设备厂指出它已经从一家日本公司获得了音响技术，因此它转产音响并不难。然而，这个项目分给了另一家地方企业。随后，工业局给音响设备厂提供了作为项目供应商的机会。虽然厂长坚持尝试开发音响产品，但是不可能，因为工业局和部委严格控制音响生产。

工业局提议的项目由于缺乏资金和关键技术而迟缓。在 1986 年和 1987 年，音响设备厂仅提供了样品元件，然后没有从主导企业获得任何定单。1987 年末，音响设备厂厂长在工业局组织的大会上了解到，国内音响市场必须依赖进口，因为国内厂家在数量和质量上都不能跟国外产品竞争。音响设备厂随后重新提交音响产品方案。到此时为止，随着放权的进行，工业局不再能够控制音响设备厂。企业能够进行这个计划，但是很困难。例如，音响设备厂的营业执照不允许它生产和销售音响产品。因为工业局不能完全批准音响设备厂的产品变化，市工商局拒发新的营业执照。更严重的是，企业不能获得足够的资金。如果没有相关部门的批准，没有银行愿意给项目贷款。1988年9月，这个项目被修改为生产元件并提供给其他厂家。1993年，这家企业依然不能制造音响产品，这样这个方案被放弃。

音响设备厂的干部抱怨，如果工业局1985年批准他们的计划，他们已经非常成功了。然而，就像这个案例展示的，企业自主权被资源和市场准入限制。缺乏资金是大多数企业的主要问题。重型电力设备厂报告，通过提留利润存下的新产品开发资金不足以支持新产品测试。小企业处于更糟糕的情况。例如，电力开关厂在1980年代初由部委分配了两个项目来更新产品设计和生产技术。但是从1986年起，它必须停止，因为缺乏资金。它的技术创新只限于修改现有产品。

六　讨论和小结

本章研究的投资决策仍然严重依赖计划部门，即使颁布规章给了企业分配投资资金的权力之后。部委和工业局仍然是方案的主要发起者，鼓励企业首先竞标然后做出可行性研究。

这种对计划机构和政府部门的持续依赖、有关部门在项目发起和批准中的干预意味着企业仍然不能够自主地进行技术创新。虽然在第二阶段企业干部有了一些决定产品开发的自主权，投资依然保持在外部控制下。当企业自己能够资助小项目时，它们的依赖减少并且自主权增加。但是由于内部资金的不足，企业很难进行战略投资。[①]

有关部门的参与意味着国家通过设定用作长期规划指南的工业发展政策来控制投资项目。[②] 大量企业被选中推动国家计划，并且他们享有资金和其他领域的国家支持。本研究的发现跟其他调查是一致的。例如，Lu 和 Heard（1995）发现，大型项目必须按照国家计委或相关部委拟定的政策或指南调整。此外，国家也限制投资的数额。大型项目需要国家计委甚至国务院的批准。Lu 和 Heard（1995）也发现，私人关系广泛地用于推进项目批准。

因此，国营企业依然被锁定在高层部门的结构中（Blecher，1989）。由计划机构设定的限制在一定程度上造成了低效率。对外部机构的持续依赖使得决策偏离了经济理性。首先，它增强了个人影响力在决策过程中的作用。其次，它维持企业对计划部门在技术和市场信息上的依赖，后者经常提供不准确的信息并导致优化水平较低的投资决策。有关部门提供的信息不同于从企业直接获得的信息，这种情况增加了不确定性。最后，大量时间浪费在决策过程中，特别是当不同部门有冲突或配合糟糕时。

部分的经济放权创造了一个非常复杂的投资环境。投资批准权力下放给地方政府促使企业更密切地跟地方部门打交道。此外，由于牵涉一些专门职能局，每个都有一些权力干

---

① 参考《中国投资白皮书》（1993：117～127）。超过 70% 有投资的样本企业相信，很难维护投资决策中的自主权，37% 的样本企业抱怨它们没有决定投资规模的权力。

② 参考《中国投资白皮书》（1993）。它注意到，工业结构和投资的控制主要在中央政府手里，同时地方政府有强大的影响。

预投资项目，导致了 Granick（1990）注意到的多重监督。

　　本章的案例研究揭示了有关部门跟企业之间的谈判关系。虽然企业在资源上依靠有关部门，有关部门也要靠企业实现投资项目利润，提供税收并有益于社区福利。企业干部能够通过其良好的技术知识获得对资源的一些控制。这个过程通过讨价还价和谈判以及官僚框架内的私人接触和关系推动。

第八章 总结、后续跟踪调查和结论

一 研究发现的总结

前面几章研究了采购、定价、招聘、组织变革、扩大生产或产品开发的投资 5 类决策及其过程。对于每一类决策，都比较研究了在 6 家企业中每家的两个决策。结果，一共考察了 60 个决策。这些决策挑选自两个时期：1985 年之前的放权活动初期，以及 1988~1989 年。

作为放权活动的结果，1988 年的决策内容在企业与计划单位之间的关系、市场的发展以及企业内党组织的地位上都不同于 1985 年。这些变化都影响决策过程。表 8-1 展示了对决策背景和过程的比较。

表 8-1 5 类决策的特征及其过程

		1985 年前	1988~1989 年
采购	决策背景	高度依赖国家计划，部/局直接划拨原材料；几乎没有市场协调，但是交付和价格稳定	国家计划和不完善市场共存。国家运用计划指标控制战略原材料，交付和价格不稳定
	决策过程	遵照国家计划，惯例任务顺畅简单。当原材料属于国家控制时，部/局批准采购决策。企业没有自主权，市场供应由干部决定	主要遵从企业选择，但是战略原材料的采购依赖部/局的计划指标。干部有更多自主权挑选供应来源和供应商

续表

		1985 年前	1988~1989 年
定价	决策背景	国家控制大多数价格，几乎没有市场价格决定机制	价格双轨制：国家价、浮动价和市场价，依赖于产品是否由国家控制。职能机构开始在企业定价政策的监督和干预中起重要作用
	决策过程	漫长，有关部门参与。企业很少有自主权，除非产品向市场开放	漫长，有关部门参与。当更多产品不再受约束时，企业有更多自主权。国家价通常跟市场价冲突
招聘	决策背景	招聘是鼓励全民就业的国家政策的一部分。国家直接分配用人指标	国家控制工资预算。工业局提供信息和服务
	决策过程	遵从国家计划，需要工业局分配指标	遵照企业计划。企业在决定员工数量和挑选程序上有大部分自主权
组织变革	决策背景	国家在国营企业采用厂长负责制，并且决策权从党委书记转移到厂长手里。跟工业局的矩阵结构限制了企业改变组织结构的权力	市政府启动优化劳动组合计划，迫使企业分流剩余工人。干部有权设计结构，但是他们的自主权被工业局干预约束。矩阵结构依然存在
	决策过程	漫长，工业局参与，以政治教育开始的自上而下过程。党委书记开始失去权力	漫长，工业局参与，以政治教育和试点活动开始的自上而下过程。党组织权力减少。厂长支配决策
投资	决策背景	国家控制资金和项目。企业没有自主权。大多数投资由政府拨款	银行贷款、政府拨款和企业自有资金的多种资金来源。大型项目由计划部门控制。企业有使用自有资金开发产品的一些自主权
	决策过程	漫长、复杂，涉及很多机构。投资作为国家计划的组成部分由部/局发起和安排	漫长、复杂，因为涉及大量机构，特别是职能机构。大规模投资按照国家计划发起和安排，但是产品开发由企业进行

采购决策被看作操作性决策。在 1988～1989 年期间，部/局等计划机构已经把他们的领域从对采购的直接安排转移到对战略原材料计划指标的分配。结果，企业在挑选供应商时开始享有更大的自主权。当采购来自市场时，决策过程快速而简单，但是当计划部门参与时就变得复杂。

产品定价决策更加复杂。一般来说，因为国家减少其对工业产品的价格垄断，企业在 1988 年获得了更大的自主权。但是他们的权力由两个因素约束。第一个是如果产品是战略性的，部/局的直接干预会迫使企业遵从国家定价。第二个因素是职能机构的干涉，比如物价局，它通过对经济的行政控制执行国家政策，例如通过冻结商品价格减少通货膨胀。第二个约束对定价决策有更大的影响。

招聘决策是企业有最多自主权的一个。它们似乎是例行的，遵从年度招聘计划。1988～1989 年的招聘决策没有一个需要工业局批准，干部有权力挑选和决定新员工的数量。在大多数案例中，工业局的角色局限于信息的提供、沟通和协调。

组织变革是一个复杂问题。正如第六章展示的，当变革尝试改变跟工业局的关系和/或改变企业党组织时，干部几乎没有权力。两个时期决策比较显示，1984 年至 1986 年厂长负责制、1988 年的优化劳动组合等政府计划是迫使企业改变的重要诱因。因此，企业内的组织变革是由外部政治压力引起的。此外，因为厂长通常是党委委员，并且因为党委书记经常兼任副厂长，企业管理是国家和党支配的政治经济综合体的一部分。

投资决策最集中。除非决策涉及自有资金资助的产品开发，当决定战略投资项目时企业几乎没有自主权。企业不仅必须依赖计划机构的资源，也依赖市场准入机制和职能机构的批准。1985 年之后的决策过程更漫长和更复杂，因为职能部门参与评估方案。大型投资依然控制在国家或市政府部门手里。

60 个案例研究发现的价值在于放权活动的成功依据决策性质而定。操作层面的决策，比如招聘和采购，很容易放权给下级单位。更多战略性决策，比如价格、组织变革和大型投资，更难放权。这个观点跟其他发现是一致的，放权是动态的，决策的下放通常依据决策的战略重要性而定。一些决策被下放，其他没有。被看作不重要的决策通常下放，但是战略决策经常保持集中（Jennergren, 1981）。结果，生产决策通常首先下放，并且销售决策通常会在企业成长到一定规模时下放。财务决策和战略投资由高层控制（Jennergren, 1981）。一些决策（比如组织变革和战略投资）呈现非常复杂的过程，并且通常是集中的，甚至发生在市场经济中（Hickson et al., 1986; Lu & Heard, 1995）。[1]

放权也被"软预算约束"（Kornai, 1980）所限制。结果，这里研究的企业被工业局需要和市场需要所分裂。这个跟在东欧国家发生的（Kornai, 1980, 1986, 1989; Montias, 1988）相似。它证明，为国家控制和中央计划经济管理而建立的旧制度框架阻碍放权。这种阻碍只有通过超过放权活动范围的广泛制度框架改革才能够克服。[2] 因此，在计划经济

---

[1] Hickson 及其同事比较了 30 个企业的 150 个决策，发现组织变革和技术创新通常更漫长，并且行动者的参与都很复杂。Lu 和 Heard（1995）比较了中国和英国的战略投资决策过程，发现都很漫长和复杂，涉及来自企业内外的许多行动者。

[2] 参考《中国改革和发展报告 1992 – 1993》（第 32~33 页）。它注意到放权项目既不能创造市场环境也不能改善企业绩效。例如，国营企业和有更多自由的地方政府机构被激励增加其投资和在福利方面的花费，并且缺乏一个控制和监督行为的有效惩罚机制。也参考《生产力之声》（1993），报告北京的工业企业从 1993 年 1 月到 9 月出现了提留利润的下降，主要原因是流动资金的短缺（中国改革与发展报告专家组，1994）。

和不完善的市场改革之下,放权并不能改善国营企业的绩效。

二 1990年代初期的国营企业改革

从1987年到1992年,承包责任制是国营企业改革的主要方案。[1] 然而,作为改善国企绩效的措施,承包责任制的有效性是不可靠的。1988年采用承包责任制的企业超过95%完成了它们的利润合同。1989年下降到不足80%,1990年不足70%。[2] 这部分改革1989年中期之后停止。截至1992年,国家政策的焦点是承包责任制的执行,[3] 地方政府试验不同的放权活动。[4]

1992年是中国改革进程的关键一年。1992年初,邓小平视察了中国南方,并发表了一系列讲话。他鼓励"改革大胆一点"并认为市场经济跟社会主义是兼容的。[5] 他的讲话重

---

[1] 参考吴振坤和陈文通(1993),他们报告1993年90%的国营企业采用了承包责任制。他们认为,至少在可以看得到的将来,没有承包责任制的替代方法。

[2] 参考吴振坤和陈文通(1993:130-131),他们注意到很难有一个有效的合同制,因为利润合同通常是谈判的结果。此外,承包责任制鼓励短期行为(三至四年),无法激励企业关注长期发展。

[3] 1993年5月23日,国务院推出了国家体改委的强化企业改革的方案。它强调通过技术创新改善承包责任制。

[4] 吴振坤和陈文通(1993:132-139)注意到,许多地方政府部门劫持了企业的决策自主权。

[5] 宋茂光(1993)识别了中国市场理解的四个阶段。第一个阶段是1980年代初,那时中国的大多数经济学家把市场看作商品交换的场所。第二个阶段是1980年代中期,人们开始认识到市场是一套支配交易行为的交换关系。第三个阶段是1980年代后期,由吴敬琏及其同事引导,市场被看作一个有着自己规则和过程的机制。第四个阶段是邓小平1992年南方谈话之后,国家政策把市场看作一个经济体制。宋茂光注意到,在1989年至1991年期间,很多经济学家反对市场,并把市场经济跟资本主义等同起来。这很大程度上是由1989年之后的政治氛围引起的。也参考《邓小平设计大胆的改革》(Beijing Review, 1992, No. 15)。

新肯定市场经济①并激起了政策的快速改变，不完善的市场项目被全面的市场取代（Beijing Review, 1992, No. 42; Fang, 1992）。

不同于以前的政策，1992年后的改革活动尝试通过把国营企业转制成独立的商业单位来重组企业管理体制。因此，国务院在1992年7月23日颁布了《全民所有制工业企业转换经营机制条例》。这个政策的核心主题是把以下14个领域的决策权下放给企业：生产计划、定价、采购、外贸、投资、提留利润使用、固定资产的折旧、跟其他企业的结盟、员工招聘和挑选、人事管理、劳动管理、工资和奖金分配、组织设计和变革以及拒绝政府部门分配的资金、原材料和服务的权力（《北京评论》，1992）。1992年后的改革目标是厘清所有权结构并引进一种基于市场经济的新的企业治理。②注意力从决策层面转移到所有权上。③

改革目标实现多少依然是个疑问。从1979年到1993年，国营企业的增长率每年仅8%，远低于乡镇企业和民营企业的增长率，它们分别是35%和60%（马洪、孙尚青，1994）。据报告，1991年采用承包责任制的企业仅有30%能够完成其合同，大多数不能达到合同目标（吴振坤、陈文通，1993：131）。

---

① 参考中央党校教务部（1993），收集了大量高层官员和经济学家的文章。
② 对运行机制的定义还存在不清楚的地方。1990年代的改革政策号召建立现代企业治理，即组建股东大会、董事会和监事会。它也强调党委和工会的作用。参考现代企业制度调研组（1993）。
③ 参考《人民日报》（海外版）1995年2月8日头版，《国家经贸委公布国有企业今年改革要点》。说明改革聚焦于现代企业制度的试验、企业法的实行和国务院转换经营机制的政策、加快技术创新、剩余员工的安置、企业破产、坏账、内部管理、工业结构和工业集团。也参考《中国改革发展报告 1992~1993》，第33~37页。报告认为，放权被所有权结构限制。它提议，国有所有权由一个独立实体代表，而不是工业部/局。

1992年底，45%的国营企业宣布亏损（刘子申、孙勇，1993）。1994年11月报告亏损面为27.5%，高于1993年（《人民日报》，1994年12月31日）。实际情况可能更加糟糕。据估计1990年70%~80%的国营企业亏损，即存在坏账、大量的原材料和人力资源浪费，人力资源浪费在官方统计中没有报告（《中国改革和发展报告1992-1993》）。中国工业经济协会在1994年1~2月的调查显示，许多国营企业遭到地方政府和/或不同政府部门的干预，它们干预决策并把企业资源用于自己利益。[1] 此外，国营企业必须承担沉重的社会福利成本。[2] 所有这些都削弱了企业在市场中的竞争地位及其经济绩效。

三 1993年6家企业的情况

遵循国务院1992年7月关于国营企业经营机制的政策，北京市政府加快了放权的节奏。除了日常经营权，企业还负责外贸和投资。[3] 1992年至1993年，市政府通过授予企业合资地位（商议税收和管理优势）来进一步修改关于承包责任制和企业决策自主权的措施。

1993年夏天访谈的企业干部当中，[4] 有一些人参与了1985年和1988年的研究。表8-2确认了6家企业的规模、财务情况和官方分类，并且了解生产是否配合指标或利润指

---

[1] 参考《生产力之声》1994年第5期，第19~21页。
[2] 参考MacMurray和Woetzel（1994），他们注意到，国营企业具有劳动力成本劣势，因为它们必须提供退休金、社会福利和养老金。
[3] 1993年2月19日，北京市政府颁布了转换国营企业经营机制的政策——《北京市全民所有制工业企业转换经营机制实施办法》。它确认14项决策由企业自主执行并把并购权下放给企业行政班子。
[4] 数据来自1993年Lu Yuan（吕源）和John Child一起进行的调查。

标。就像看到的，所有企业都向市场开放，也都不再有生产指标，国家控制急剧下降。除了这个，6 家企业展示了不同的增长率和商业发展战略。

表 8 – 2   6 家企业在 1985 年、1988 年和 1993 年的概况

项目	年份	汽车厂	电视机厂	重型电力设备厂	制药厂	音响设备厂	电力开关厂
员工总数（人）	1985	3883	2200	1869	957	848	718
	1988	5100	3000	1798	912	890	695
	1993	6000	6800	2700	910	900	630
销售营业额（百万/年）	1984	205	183	23	27	25	6
	1987	467	418	44	43	24	8
	1992	1300	1070	86	67	60	16
税前净利润（百万元/年）	1984	53.0	13.0	4.8	4.0	4.7	1.5
	1987	86.0	13.0	8.6	8.6	0.9	2.1
	1992	150.0	128.0	4.8	4.7	2.5	1.3
税后净利润（百万元/年）	1984	6.6	3.1	0.9	0.8	1.7	0.2
	1987	21.1	4.1	1.7	3.0	0.3	0.4
	1992	28.6	8.4	0.2	0.1	0.6	0.2
官方规模分类*	1985	M	M	M	S	S	S
	1988	L	L	M	M	M	M
	1993	L	L	L	M	M	M
指标（Q）或利润（P）目标	1985	Q	Q	Q	P	P	P
	1988	Q	P	P	P	P	P
	1993	P	P	P	P	P	P

* L = 大，M = 中，S = 小。中国国营企业按照产出、资产和员工数量分为大型规模、中等规模和小型规模。

数据来源：1984 年、1985 年、1987 年和 1988 年的数据来自 Child 和 Lu（1990）以及中欧工商国际学院的 MBA 学员报告。1992 年和 1993 年的数据来自 1993 年的企业访谈。

三家企业是大型企业：汽车厂、电视机厂和重型电力设备厂，后者在并入三家地方工厂后变成大型企业。它们享有国家支持，并在销售规模、利润和员工人数上显著扩大。汽车厂1984~1988年的投资让它变成市场领导者。电视机厂接管了其地方竞争者和三家其他工厂。它变成了具有广泛产品的工业集团，包括电视商品、计算机支持系统、高科技音响产品，以及拥有一些服务、房地产和贸易公司。重型电力设备厂也在并入三家地方工厂后成为一个工业集团——一个分厂随后跟一家泰国公司组建为一家合资企业。跟电视机厂一样，它也有大量服务公司，加上旅馆和餐馆。

剩下三家企业的情况各有不同。它们的销售额在增长，但是工作人员没有增长。制药厂和电力开关厂甚至裁员，这是市政府控制工资预算政策的结果。正如第五章所说，企业干部为了维持满意的工资水平而不愿意增加员工。制药厂完成了扩大生产的投资项目，但是因为保健饮料市场已经变得竞争激烈，企业必须开发新产品来保障其竞争优势。它也为了进入当地市场而跟四川的工厂建立联盟。1993年，制药厂提出了改变其组织结构的激进方案。它要求车间变成自负盈亏的独立商业单位。三个车间跟来自日本、中国香港和美国的伙伴建立了合资企业来开发新产品。剩下单位从事服务、供应、贸易、包装和运输。

音响设备厂的发展战略相似。它的车间变成了商业单位，三个单位跟来自中国香港、中国台湾和韩国的伙伴建立了合资企业。仅仅电力开关厂变得更小，因为市政府在其主要生产基地占用了一块土地。这减少了其生产能力，作为补偿市政府降低了其三年的合同利润目标。

关于党组织，汽车厂和重型电力设备厂依然保持独立的党委书记。在电视机厂和电力开关厂,党委书记兼任副厂长,音响设备厂和制药厂的厂长兼任党委书记。党员干部的数量跟1988年相同。

决策中的变化

1993年调查中使用的方法不同于早期研究的案例研究方法。它产生于组织研究的"Aston项目"。这涉及评估47个决策活动的层级,具体聚焦于决策权下放到一定层级的程度,包括企业内部以及企业跟更高部门之间。表8-3列出了1993年的决策授权水平。

表8-3　1993年6家企业的决策授权层级

决策活动	汽车厂	电视机厂	重型电力设备厂	制药厂	音响设备厂	电力开关厂
采购	副厂长	副厂长	副厂长	采购处长	副厂长	厂长
定价	副厂长	集团总部	销售人员	副厂长	副厂长	厂长
招聘	副厂长	副厂长	副厂长	副厂长	副厂长	副厂长
组织变革	董事会	厂长	厂长	厂长	厂长	厂长
投资	董事会	集团总部	集团总部[1]	工业局或厂长[2]	工业局或厂长[2]	工业局或厂长[2]
新产品开发	董事会	集团总部	厂长	厂长	厂长	厂长

注:1. 集团总部控制投资预算。日常投资由厂长决定。2. 工业局控制投资预算,厂长决定日常投资。

数据来源:1993年8月的企业访谈。

与前两个时期相比,1993年工业局对企业决策的控制程度明显下降。大多数决策由企业干部做出,工业局仅在引进新成本预算体系时有所介入。企业没有生产和销售的指标。在定价决策中,所有产品都是市场定价。甚至汽车厂和电视机厂都能够自由制定市场销售价。

关于劳动力招聘和挑选,所有企业享有充分自主权,甚至在高层人员的管理上,他们由厂长而不是工业局管理。厂长能够推动和批准组织设计和变革。一个重要的理由是工业局已经收缩。一些局,比如机械工业局和电子工业办公室,只保留一些行政职能,协调企业和其他政府部门。每个局建立了商业公司。连接企业部门跟工业局之间的矩阵结构已经转变为一种企业跟工业局商业公司之间的关系。

最后,除了战略投资(参考第七章),企业现在能够决定新产品开发。投资方案依赖于资金数量和产品或工业行业的性质,并且依然由国家控制。除了电视机厂继续投资于技术更新和生产设备升级,大多数企业没有进行大规模的投资,而是进行小的投资项目和产品开发。

虽然工业局没有直接的行政职权,但是它们具有三个领域的权力。第一,工业局评估企业的绩效并决定它们的目标,例如基于市政府新政策的利润合同。Montias(1988)注意到工业局跟企业的谈判关系依然存在于承包责任制中。紧张的讨价还价和谈判发生在1992年,那时企业更新其利润合同。电视机厂采用了针对大型企业的合同制,享有低息银行贷款和财务自主权等优惠。重型电力设备厂因为其技术创新获得无息贷款。只有音响设备厂没有完成1991年的合同利润目标,但是取代惩罚的是工业局决定在新合同中降低其利润门槛。第二,工业局任命企业厂长和党委书记。虽然职工大会原则上是掌握这些职权的法律实体,但是厂长并不是由职工大会选举产生。第三,工业局控制企业的战略活动,比如收购、成立合资企业、出口和跨地区投资。电视机厂和重型电力设备厂寻求工业局批准它们接管其他工厂。

此外，企业依赖国家管控的机构，比如银行、财务机构和全国分销商，所有这些都可能被国家政策影响。例如，在1993年7~8月国家发布紧缩政策以控制投资资金和货币供应——改革期间国家经常使用的纠正手段（吴敬琏，1993）。这立即导致了资金短缺，因为银行减少了企业信用额度。更严重的是，因为买方没有现金，一些企业不能回收其销售款，比如重型电力设备厂和电力开关厂的产品卖给工业客户的情况。汽车厂的情况一样困难。尽管是合资企业，但是其全国分销商和大多数顾客都由国家控制。面对资金短缺，这些分销商要么取消定单，要么延迟付款。电视机厂、制药厂和音响设备厂等企业似乎好一些，因为它们生产消费物资，产品通过地方分销商和私营零售商直接进入市场。

国家也通过其他行政机构干预。部分原因是大多数企业多样化经营，从事广泛的活动，比如服务，以便吸收生产线不再需要的员工，它们有义务维持员工生活水平。这个跟1988年市政府启动优化劳动组合计划的情况非常相似。虽然官方政策赋予厂长劳动管理的自主权，但是他们不允许解雇剩余工人。地方劳动仲裁委员会保留了评估解雇决定的权力，并且可能责令企业恢复工人的工作。

管理控制和新治理结构的增加

除了企业跟工业局之间关系的变化，即由直接干预转为间接控制，也可以发现其他一些趋势，比如增加内部控制、减少向企业派任干部。

第一，成立合资企业或工业集团之后，大型企业建立了董事会（汽车厂）或集团总部（电视机厂和重型电力设备厂）。一个工业集团包括制造、贸易、服务等大量商业单位和职能部门。结果，管理活动变得更加复杂而多样化。这需要董事会或集团总部控制和协调下属工厂和职能部门，并负责战略决策。董事会或集团总部取代工业局控制企业和下属单位。随着工业局权力的下降，企业相应加强了集中管理。图8-1展示了1993年电视机厂的治理结构。

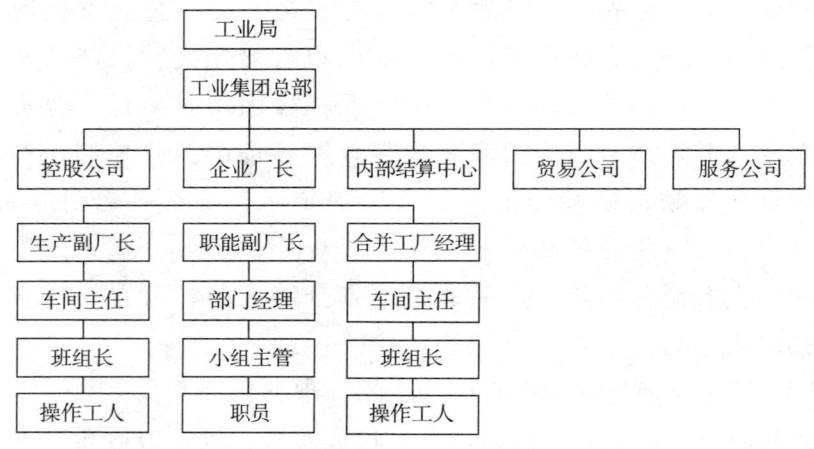

图 8-1　1993 年电视机厂集团的治理结构
数据来源：1993 年在电视机厂的访谈和档案。

图 8-1 显示，跟电视机厂还在单一基地的制造单位的早期相比，治理结构有了实质性变化，包括车间和职能部门。现在生产是运营的一部分。这个新的集团结构跟市场经济中股份公司的公司结构非常相似。企业变成了集团的一部分，并遵照集团战略。

跟厂长从属于董事会或总部的大型公司相反，较小企业依然作为单一的基础生产厂家，厂长在工业局控制之下全面负责。虽然一些企业，比如制药厂和音响设备厂，有很多小的商业单位，包括合资企业和服务公司，它们仍然没有发展为一个集团结构。厂长具有全部权力并监督所有活动。

权力集中于大型企业的董事会或集团总部和中等企业的厂长，这是环境不稳定的结果。正如 Mintzberg（1979：281－282）注意到的，当环境不利时，高层施加更多控制，因为集中反应的速度和协调是生存的基本。对于中国工业来说，1993 年是非常混乱的一年。[①] 流动资金的严重短缺和高通货膨胀引起了很多国营企业的绩效下滑。这使得企业增加内部控制。

从 1986 年起，原材料价格的上涨引起的生产成本增加，威胁工业企业的绩效。市计委拟定的一个报告指出，其 14 个工业局的实际利润已经从 1985 年的 27 亿元下降到 1989 年的 11 亿元（北京计委，1991：74）。从 1985 年到 1989 年，原材料和能源成本上涨了 87%，员工工资上涨了 135%，行政成本上涨了 151%（北京计委，1991：76）。利润的下降在 6 家案例企业也很明显。表 8-4 比较了 1984 年、1987 年和 1992 年的利润率和提留利润百分比。整体来说，尽管 1992 年电视机厂和音响设备厂的销售快速增长，但是其他企业都经历了利润率的下降。与 1988 年的增长明显相反的是，提留利润的百分比也在下降。

在困难的环境和经济效率下降的外部压力下，企业干部做出了大量决策。例如，1993 年很多案例中的采购决策是由厂长和副厂长做出的，因为 7 月和 8 月的国家紧缩计划引起了资金来源的不确定。厂长和行政班子必须严格控制花费，尤其是采购。

[①] 《中国改革发展报告 1992－1993》注意到，经济环境的混乱由过热的工业增长引起，并导致了通货膨胀和货币供应短缺。

表 8-4　6 家企业的利润率和提留利润比例概况
（1984 年、1987 年和 1992 年）

企业	利润率（％）[1]			提留利润比例[2]		
	1984 年	1987 年	1992 年	1984 年	1987 年	1992 年
汽车厂	25.9	18.4	11.5	12.3	24.5	19.1
电视机厂	7.1	3.1	12.0	24.4	31.6	6.5
重型电力设备厂	20.5	19.5	5.6	19.4	19.8	3.1
制药厂	14.8	19.9	7.0	20.9	35.4	2.8
音响设备厂	18.9	3.8	4.2	37.0	32.7	24.0
电力开关厂	24.6	25.3	8.1	13.3	19.9	11.5

注：1. 利润率 = 税前净利润 ÷ 销售额 ×100％；2. 提留利润百分比 = 税后净利润 ÷ 税前净利润 ×100％。

数据来源：1984 年和 1987 年的数据参考表 2-3；1992 年数据来自 1993 年 8 月的企业访谈和档案。

就像 Tisdell（1993）注意到的，中国经济发展需要一个有效的内部约束机制，让企业干部能够施加控制。伴随着组织变革，尤其是在大型企业，建立合适的管理控制机制就变得非常必要。在重型电力设备厂，销售人员决定产品价格，并且这种决策通常都在所有企业的最低层面做出。在 1993 年的访谈中，副厂长说，这个权力收到了厂长手中，因为利润急剧下降。1991 年，当决策下放给班组长和服务公司时，电视机厂失去了对子公司的大部分控制。因此，1992 年集团总部决定收回控制，并建立了内部结算中心来执行成本控制措施。

四　结论

Mintzberg（1979）认为，发生企业内部放权很自然，因为决策不能全由位于顶端的一个人做出，特别是当企业快速成长并且其运营场所变得分散时。此外，放权让基层管理人员对环境做出快速反应（Jennergren，1981）。当放权在中国作为国家改革政策采用时，它产生了混杂的结果。通过对1985年、1988年和1993年6家企业决策过程的系统比较，本研究显示：放权受到主导性计划体制约束，这一体制中包括权力机构和政府部门。

中国决策环境的特征是计划体制和不完善市场的共存。国家通过企业跟工业局的垂直关系对企业施加直接控制。工业局审批战略和人事问题，比如厂长的任命，并评估企业绩效。这种约束产生于国家所有制，工业局担任所有者代表。正如Nee（1992）注意到的，国营企业由于其所有权结构在其决策中受到非市场因素约束。Child（1994）的研究表明，虽然国营企业跟工业局的关系已经从直接行政干预变成了合同关系，但是仍有一些体制要素迫使企业保持对工业局的依赖。

这样的制度框架是不容易去除的。计划机构控制运营资源和人事。前者包括财务、信息、市场准入、战略性原材料和人力资源。虽然改革致力于减少这些机构的直接行政干预，但是非直接干预通过职能机构的参与而加强。正如第七章显示的，由于大量机构和政府部门施加的控制，对于执行的企业来说，投资决策变得更加复杂和困难。

此外，作为支撑交易的经济场所，市场结构仍然没有发达到足以支持放权活动（Solinger，1989）。中国的问题在于市场仍然不发达并且国家垄断人为地抑制市场关系。Boisot和Child（1995）认为，中国是一个"类市场"（Quasi Market），企业和政府部门的关系仍然主导经济交易。当国家垄断资源流动、融资渠道和全国分销网络等基础设施时,就创造了这种类市场。因此,国家能够通过政策和规章对基础设施施加影响,就像通过紧缩计划等直接措施影响企业一样。Mun(1985)把中国的市场结构分为四类,就是直接计划市场、非直接计划市场、企业直接销售市场和自由市场。按照Mun的观点,国营企业不属于自由市场,而是主要属于国家和市场关系中类市场形式的前三种,同时非国营企业进入四类中的任一类。

这意味着,企业生产产品的类型决定企业跟其他人之间的交易关系,比如客户和供应商。企业的产品和交易关系跟市场越紧密,它受国家控制的约束越少,并且企业干部有更多自主权。相反,当基础设施由国家支配时,企业自主权被削弱。例如,虽然汽车厂在其经营上具有完全自主权的合资企业身份,但是它依然被国家垄断分销所约束。相反,电视机厂、音响设备厂和制药厂三个生活资料企业就接近于自由市场。

在这种环境中,企业通过合并其他小工厂、投资供应商和分销商、分包服务给自己的公司来发展组织,进行策略性回应。这种企业间协作很大程度上用于稳定交易关系,就像Boisot和Child(1995)指出的。独特之处在于出现了商业网络,其中政府部门起积极作用,并且企业间也建立了相互联系。

除了由于国家所有权和不发达市场基础设施而产生的问题,还有一些约束国营企业的社会政治因素。就像研究案例显示的,国家政策和不发达的社会基础设施约束企业对经济效率的追求。这个问题的部分可以通过社会福利体制的发展来解决。但是,行政班子跟党委之间的关系将在很大程度上依赖于政治体制改革的进程。

目前倡议市场经济的改革政策貌似有理,但是有缺陷的。本研究显示,成功的改革项目依赖体制变革。这导致了最复杂的改革问题之一:政策变化的时间表和节奏。虽然不可能一步把体制转变到位,但是任何不改变政治经济环境的重要变革都不能带来所有想要的结果。当企业干部和政府部门等行动者为自己利益而行动时,这种情况变得更加复杂。

本研究也认为,中国企业管理具有一些独特的特点。例如,私人关系在大多数决策过程中广泛使用。就像在研究案例中看到的,人际网络在信息沟通、商谈和谈判中,特别是涉及外部行动者时,起着非常关键的作用。虽然有人认为这种关系在其他国家也存在,但是本研究和其他研究显示,关系在达成妥协的过程中特别受到中国人青睐。[①] 本研究显示,关系不仅在跟政府机构打交道时使用,在跟企业组织打交道时也使用,比如采购和招聘。很明显的是,6家企业的干部在寻找机会和决策信息时都更喜欢利用关系。

尽管有一些局限性,放权活动已经积极地影响了企业管理。企业干部在市场、客户和供应商方面进行了更多的接触,因为他们不再依赖工业局。这样的一个后果是他们获得了专业能力和知识。伴随着企业自主权的扩大,管理决策开始从"自上而下"的程序和依据规范执行的综合方法转变为战略的方法,正如 Lee(1987)已经注意到的。战略决策过程由市场偏好和竞争优势驱动(Andrew,1980)。就像前面章节描述的,企业使用多种商业发展战略,视规模、产品技术

---

① 参考 Lu 和 Heard(1995),他们发现中国的私人关系广泛用于促进正式程序和修改决策依据,例如投资回报率。在英国,这种关系用于增加信任,但是很少改变正式程序和依据。

专业化和市场情况等内外部情境变量而定。在大型企业里，建立了一种基于公司集团总部或董事会制的工业治理结构，并且这个治理结构跟股份公司比较相似。管理权威控制在制造单位的上级部门手里。组织结构和商业规模的快速增长需要建立一种有效的内部约束机制，这又相应地使企业进一步集权，决策更加集中在董事会、总部或厂长级别。这个意味着中国专业管理阶层的出现。

附录 访谈提纲

Q1：你能说出这些领域的最新决策吗？①原材料采购；②产品定价；③劳动力招聘；④组织变革；⑤产品开发或生产过程的投资。

Q2：（参照提到的领域）决策问题最初发生在什么时候？（年/月）

Q3：它怎么开始的？（例如：按照市场需求、国家计划、地方政府政策、工业局的指示或任务需要）

Q4：谁参与了决策过程？（核查：企业内部部门组织结构图，参与的个人、群体、部门和组织的名字）

谁提出决策话题？（例如，制定方案）

谁设计替代办法？

谁挑选和评估替代办法？

谁最后批准决策？

Q5：（参考上面的个人、群体、部门和组织）他们每一方最初在决策中想要什么？

Q6：在上面过程中每方做了什么？

Q7：每方有大影响力？

Q8：每方提供什么信息？

Q9：信息怎样用于决策？

Q10：决策什么时候得到正式批准，以及如何收到？

Q11：过程中如何判断决策的？（例如，按照硬标准——成本、利润、产出价值、销售以及工资和奖金，或者软标准——声誉、竞争能力、计划机构的态度）

Q12：决策过程中是否有任何中断、延误或再审议？

Q13：1985年是否有相同决策？（如没有，进入Q15）

Q14：1985年的决策跟这个决策的差异是什么（核查：参与的行动者及其影响、所花的时间和使用的信息。然后，进入Q16）

Q15：如果1985年没有发生相似的决策，你什么时候第一次做Q1提到的决策，并且差异是什么？（核查：参与的行动者及其影响、所花的时间和使用的信息。然后，进入Q16）

Q16：你对所做决策的意见和看法是什么？

参考文献[*]

北京日报，1988，《工业企业改革的现实选择及成效》，《北京日报》1988年11月7日。

北京日报，1988，《抓住了深化企业改革的突破口》，《北京日报》1988年8月14日。

北京市计委，1991，《北京市工业经济效益分析》，载北京计委《综合经济研究》，北京科技出版社。

北京市经委，《1988，实行劳动优化组合，深化企业内部改革》，载北京市经委《希望在优化》，北京日报出版社。

财政部，1988，《财政税收体制的改革》，载国家经济体制改革委员会《中国经济体制改革十年》，经济管理出版社、改革出版社。

杨建敏、寇志宏、杨建中，1990，《加强审计监督 完善企业承包制》，《经济问题》第12期，第29~31页。

陈希同，1988，《市工业工作会议上的讲话》（1988年7月16日），载龚树基《优化劳动组合实践》，科学出版社。

党晓捷、王爱文、涂殿平，1991，《我国劳动体制改革》，载夏积智、党晓捷《中国的就业与失业》，中国劳动出版社。

---

[*] 由于时间久远，虽经过多方核查，仍有7篇中文文献无法确认，无法确认者的名字都是根据拼音推断的，并用附注"（音）"的标记。这里，特别向这些作者致谢。——译者注

邓小平，1993，《邓小平文选》（第三卷），人民出版社。

费孝通，1967，《乡土中国》，（台北）绿洲出版社。

高雪春（音）、文伟（音）、陈静（音），1989，《厂长对深化企业改革问卷的回答》，《企业管理参考》1989年8月21日，第2~6页。

龚树基，1988，《北京市优化劳动组合工作的基本情况》，载龚树基《优化劳动组合实践》，科学出版社。

国家计委体改司，1988，《计划体制的改革》，载国家经济体制改革委员会编《中国经济体制改革十年》，经济管理出版社、改革出版社。

国家计委投资研究所、国家统计局，1993，《中国投资白皮书（1993）》，中国计划出版社。

国家经济体改委企业管理部，1989，《当前企业优化劳动组合中的矛盾及解决办法》，《经济管理》第2期，第43~44页。

国家经济体改委政策法规司，1993，《全民所有制工业企业转换经济机制实施办法汇编》，中国经济出版社。

国家经济体改委综合规划司，1988，《宏观经济管理的改革》，载国家经济体制改革委员会《中国经济体制改革十年》，经济管理出版社、改革出版社。

国家经济体制改革办公室，1988，《关于经济体制管理体制总体设想的初步意见》（1979年12月3日），载国家经济体制改革委员会《中国经济体制改革十年》，经济管理出版社、改革出版社。

国家经委企业局，1988，《以搞活企业为中心　不断深化企业改革》，载国家经济体制改革委员会《中国经济体制改革十年》，经济管理出版社、改革出版社。

国家统计局，1992，《中国统计年鉴（1992）》，中国统计出版社。

国务院，1986，《关于第七个五年计划的报告：在第六届全国人民代表大会第四次会议上的讲话》（1986年3月25日），《人民日报》1986年4月14日，第1版。

纪宗文（音），1988，《北京市计划体制改革的回顾与前瞻》，《首都经济》第2期，第7~11页。

经济日报，1988，《为什么投资失控?》《经济日报》1988年11月14日，第1版。

经济日报，1988，《国务院检查组将再赴各地》，《经济日报》1988年12月20日，第1版。

经济日报，1989，《企业最需要什么?》，《经济日报》1989年2月10日，第1版。

李伯勇，1987，《在关于搞活长期雇佣制的全国大会上的讲话》，载龚树基《优化劳动组合实践》，科学出版社。

李广安（音），1988，《中国计划体制管理和计划体制改革》，《经济工作者学习材料》第21期，第30~35页。

李连仲，1987，《体制转轨时期的企业行为紊乱与治理》，《改革》第1期，第45~50页。

李培林、姜晓星、张其仔，1992，《转型中的中国企业》，山东人民出版社。

李鹏，1988，《在国家计划和经济系统改革大会上的讲话》（1988年10月5日），《求是》1989年第1期，第4~9页。

廉贺（音），1988，《企业法前前后后》，《现代企业导刊》第4期，第5~7页。

林子力，1980，《我国经济体制改革的开端——四川、安徽、浙江扩大企业自主权试点考察》，《中国社会科学》第

3 期，第 3~18 页。

刘谟善，1989，《推进承包制的初步反思》，《企业管理参考》8 月 17 日。

刘诗白，1987，《论社会主义商品经济意识》，《红旗》第 1 期，第 23~27 页。

刘跃进，1989，《十年改革中价值观的十个转变》，《工人日报》12 月 9 日。

马洪，1979，《关于经济体制改革问题》，载马洪《经济结构与经济管理》，人民出版社。

马泉山，1989，《中国传统与中国企业管理》，载蒋一苇、闵建蜀编《古代管理思想与中国式管理》，第 167~176 页，经济管理出版社。

任涛、孙怀阳、刘景林，1980，《四川省扩大企业自主权试点的成效》，《中国社会科学》第 1 期，第 203~212 页。

宋光茂，1993，《对市场看法的演进过程》，《财经问题研究》第 11 期，第 9~12 页。

孙健，1992，《中华人民共和国经济史》，中国人民大学出版社。

孙冶方，1980，《价格规律的内因论和外因论》，载《经济学文集》，浙江人民出版社。

田源、乔刚，1991，《中国价格改革研究：1984~1990》，电子工业出版社。

田源、乔刚、马建堂，1989，《今后治理通货膨胀的政策建议》，《经济工作者学习材料》第 25 期，第 3~33 页。

王爱文，1991，《我国劳动计划管理体制改革》，载夏积智、党晓捷《中国的就业与失业》，中国劳动出版社。

王大勇（音），1989，《在通货膨胀的条件下推进价格改革》,《中国：发展和改革》第1期,第12~20页。

韦政通,1988,《伦理思想的突破》,四川人民出版社。

温桂芳,1989,《我国价格调整和改革的回顾与前瞻》,《经济工作者学习材料》第34期,第15~50页。

吴敬琏,1989,《经济理论的演变与改革战略的选择：对中国实例的分析》,《学习与实践》第6期,第3~10页。

吴敬琏,1992,《通向市场经济之路》,北京工业大学出版社。

吴振坤、陈文通,1993,《中国经济体制改革通论》,北京工业大学出版社。

现代企业体制调研组,1993,《建立与社会主义市场经济体制相适应的现代企业制度》,《人民日报》1993年12月21日,第5版。

晓谦,1988,《关于承包经营责任制问题的观点综述》,《中国工业经济》第3期,第77页。

许涤新,1982,《中国国民经济的变革》,中国社会科学出版社。

许飞青、王生瑞,1993,《中国的经济体制改革》,中国财政经济出版社。

佚名,1988,《关于承包经营责任制的观点综述》,《中国工业研究》第3期,第77~81页。

佚名,1993,《国营企业前景莫测》,《生产力之声》第12期,第9~13页。

袁宝华,1989a,《十年改革中我国企业管理的变化与发展》(中国企业管理协会成立十周年纪念会上的讲话)3月3日,北京。

袁宝华,1989b,《在全国政协经济委员会上的讲话》,

《中国企业报》2月6日。

张小健、俞发明、毛健、党晓捷、莫蓉，1991，《我国劳动就业的发展战略问题》，载夏积智、党晓捷《中国的就业与失业》，中国劳动出版社。

张振怀（音），1987，《承包企业亟须确立新型党政关系》，《河北日报》10月7日。

张卓元，1988，《十年价格改革的回顾和前瞻》，载国家经济体制改革委员会《中国经济体制改革十年》，经济管理出版社、改革出版社。

章畔（音）、张文中（音），1989，《三项调查报告》，《经济工作者学习材料》第34期，第8~15页。

郑学檬、蒋兆成、张文绮，1984，《简明中国经济通史》，黑龙江人民出版社。

中共中央，1987，《沿着有中国特色的社会主义道路前进：在中国共产党第十三次全国代表大会上的报告》（1987年10月25日），《人民日报》11月4日，第1版。

中共中央，1988，《在中国共产党第十三届中央委员会第三次全体会议上的报告》，《经济日报》10月28日，第1版。

中国改革与发展报告专家组，1994，《中国改革与发展报告（1992－1993）》，中国财政经济出版社。

中国经济运行研究项目组，1988，《我国企业的三位一体性质》，《光明日报》8月8日，第3版。

中国企业管理协会，1989，《关于搞活大中型骨干企业有关政策的报告》，中国企业管理协会，未出版。

中国人民大学，1980，《中国社会主义工业企业管理》，中国人民大学出版社。

中国人民银行，1988，《改革金融体制　加强宏观管理》，载国家经济体制改革委员会《中国经济体制改革十年》,经济管理出版社、改革出版社。

钟成勋,1993,《地方政府投资行为研究》,中国财政经济出版社。

周恩来,1975,《向四个现代化的宏伟目标前进》,《人民日报》1975年1月21日,第1版。

朱嘉明、吕政,1984,《现实与选择:当代中国工业的结构与体制》,四川人民出版社。

朱民,1988,《1987年我国物价概述》,《价格理论与实践》第6期,第2~10页。

朱镕基,1986,《中国现在想从外国人那里要什么》,《国际管理》第4期,第54~55页。

邹向群,1993,《建立社会主义市场经济体制中的价格对策》,《理论前沿》第3期,第3~5页。

Andors, S. , 1977, *China's Industrial Revolution*, London: Martin Robertson.

Andrew, K. R. , 1980, *The Concept of Corporate Strategy* (Revised edition), Ontario: Ricahard D. Irwin.

Balaze, E. , 1964, *Chinese civilization and bureaucracy*, New York: Yale University Press.

Barnowe, J. T. , 1990, "Paradox resolution in Chinese attempts to reform organizational culture", In John Child and Martin Lockett (Eds.), *Advances in Chinese Industrial Studies*, vol. 1, Reform Policy and the Chinese Enterprise, pp. 329 – 349, London: JAI Press.

Bate, P. & Child, J. , 1987, Paradigms and understandings in comparative organizational research, In John Child and Paul

Bate (Eds.), *Organization of Innovation: East-West Perspectives*, pp. 19 – 49, Berlin: Walter de Gruyter.

Battat, J., 1986, *Management in post-Mao China*, Michigan: UMI Research Press.

Beckmann, G. M., 1965, *The modernization of China and Japan*, New York: Harper & Row.

Beijing Review, 1988, "Attitude survey of city dwellers", No. 5, pp. 24 – 28.

Beijing Review, 1992, "Deng Xiaoping maps out bolder reform", No. 15, p. 6.

Beijing Review, 1992, "Enterprise reform: new operating mechanism", No. 24, pp. 14 – 20.

Beijing Review, 1992, "Party Congress introduces market economy", No. 42, pp. 5 – 6.

Beijing Review, 1992, "State-owned enterprises no longer state run", No. 46, pp. 13 – 17.

Berger, P. L., 1986, *The Capitalist Revolution*, Aldershot: Gower.

Biggerstaff, K. C., 1976, "Modernization and early modern China", In E. E. Black (Ed.), *Comparative Modernization*, pp. 146 – 164, New York: The Free Press.

Blecher, M., 1989, "State administration and economic reform," In David Goodman and Gerald Segal (Eds.), *China at Forty: Mid-Life Crisis*, pp. 18 – 41, Oxford: Oxford University Press.

Boisot, M. & Child, J., 1995, *China's Emerging Economic order: Modernization Through Network Quasi-capitalism?* Unpublished paper, Judge Institute of Management Studies, University of Cambridge, Cambridge.

Bower, J. L. , 1970, *Managing the Resources Allocation Process*, Boston, MA: Division of Research, Harvard Business School.

Brugger, W. , 1976, *Democracy and Organization in Chinese industrial Enterprises*: 1948 – 1953, Cambridge: Cambridge University Press.

Butler, R. , 1991, *Designing Organizations*, London: Routledge.

Byrd, W. A. , 1987, "The role and impact of markets", In Gene Tidrick and Chen Jiyuan (Eds.), *China's Industrial Reform*, Oxford: Oxford University Press for the World Bank.

Byrd, W. A. , 1988, "Contractual responsibility systems in Chinese state-owned industry: A preliminary assessment", *Paper presented at the International Conference on Management in China Today*, 20 – 21 June, Leuven, Belgium.

Byrd, W. A (Eds.) , 1992, *Chinese industrial firms and reform*, Oxford: Oxford University Press for the World Bank.

Campbell, R. , 1966, "On the theory of economic administration", In Henry Rosovsky (Ed.) , *Industrialization in Two Systems*, pp. 186 – 203, New York: John Wiley & Sons.

Chamberlain, H. B. , 1987, "Party-management relations in Chinese industries: Some political dimensions of economic reform", *China Quarterly*, 112: 632 – 661.

Child, J. , 1987, "Enterprise reform in China: Problems and progress", In M. Warner (Ed.) , *Management Reforms in China*, pp. 24 – 52, London: Frances Pinter.

Child, J., 1994, *Management in China During the Age of Reform*, Cambridge: Cambridge University Press.

Child, J. & Lu, Y., 1990, "Industrial decision-making under China's reform: 1985 – 1988", *Organization Studies*, 11 (3): 321 – 351.

CPC (Communist Party of China), 1984, *China's economic structure reform: Decision of the CPC Central Committee*, Beijing: Foreign Language Press.

Deng Xiaoping, 1985, "Speech at the national conference of the communist Party of China", 23 September 1985, EBIS, *Daily report: China*, 23 September, K8 – 13, Quoted from Christopher M. Clarke (1986: 120), "Rejuvenation, reorganization and the dilemmas of modernization in post-Deng China", *Journal of International Affairs*, 39 (2): 119 – 132.

Diao, Xinsheng, 1987, "The role of the two-tier price system", In Bruce L. Reynolds (Ed.), *Reform in China: Reform in China: Challenges & Choice*, pp. 35 – 46, New York: M. E. Sharpe.

Donnithorne, A., 1967, *China's Economic System*, London: George Allen and Unwin.

Fan Qimiao, 1989, "Compendium of literature on price and price reform in China", *China Programme Working Paper*, no. 2, London: London School of Economics.

Fang Sheng, 1992, "Opening up and making use of capitalism", *Beijing Review*, No. 12: 17 – 19.

Fei Xiaotong, 1967, *China*, Taipei: Green Continental Press.

Granick, D., 1990, *Chinese state enterprises*, Chicago: University of Chicago Press.

Greiner, L. , 1970, "Patterns of organization change", In Gene Dalton, Paul Lawrence and Larry Greiner (Eds.), *Organizational Change and Development*, pp. 213 – 229, Homewood, Illinois: The Dorsey Press.

Hickson, D. J. , Butler, R. , Cray, D. , Mallory, G. , & Wilson, D. , 1986, *Top Decision: Strategic Decision Making in Organizations*, Oxford: Basil Blackwell.

Hofstede, G. , 1980, *Culture's Consequence: International Differences in Work-related Values*, Beverly Hills, Calif: Sage.

Hu, H. C. , 1944, "The Chinese concepts of face", *American Anthropologist*, 46: 45 – 63.

Huang Xiaojing, & Yang Xiao, 1987, "From iron rice bowls to Labour markets: Reforming the social security system", In B. L. Reynolds (Ed.), *Reform in China: Challenges & Choices*, pp. 147 – 160, New York: M. E. Sharpe.

Hwang, K. K. , 1983, *Face and favour: Chinese power games*, Unpublished manuscript, National Taiwan University, quoted in M. Bond and K. K. Hwang (1986), *The Psychology of the Chinese People*, pp. 223 – 224, Hong Kong: Oxford University Press.

Jacobs, J. B. , 1979, "A preliminary model of particularistic ties in Chinese polical alliance: Kan-ch'ing and Kkuan-his in a rural Taiwanese township", *China Quarterly*, 78: 232 – 273.

Jennergren, L. P. , 1981, "Decentralization in organization", In Paul C. Nystrom and William H. Starbuck (Eds.), *Handbook of Organization Design*, vol. 2, pp. 39 – 59, Oxford:

Oxford University Press.

Kerr, C., 1983, *The Future of Industrial Societies*, Cambridge, MA: Harvard University Press.

Kerr, C., Dunlop, J. T., Harbison, F. H., & Myers, C. A. 1960, *Industrialism and Industrial Man*, Harmondsworth: Penguin.

King, P., 1975, "Is the emphasis of capital budgeting theory misplaced?" *Journal of Business Fiance and Accounting*, 2 (1): 69 – 82.

Kornai, J., 1980, *The Economics of Shortage*, Amsterdam: North-Holland.

Kornai, J., 1986, "The Hungarian reform process: Visions, hopes and reality", *Journal of Economic Literature*, 24: 1687 – 1737.

Kornai, J., 1989, "Some lessons from the Hungarian experience for Chinese reformer", In Peter Van Ness (Eds.), *Market Reforms in Socialist Societies*, pp. 75 – 104, London: Lynne rienner.

Laaksonen, O., 1988, *Management in China During and After Mao in Enterprises, Government and Party*, Berlin: Walter de Gruyter.

Lee, Hong Yung, 1986, "The implications of reform for ideology, state and society in China", *Journal of International Affairs*, 39 (2): 77 – 90.

Lee, P., 1987, *Industrial management and economic reform in China*: 1949 – 1984, Oxford: Oxford University Press.

Locktt, M., 1988, "Culture and the problems of Chinese management", *Organization Studies*, 9 (4): 475 – 494.

Lu, Yuan, 1988, "Organizational culture, strategic choice and organizational behavior in Chinese enterprises", *Doctoral Working Paper Series*, No. 127, Birmngham: Aston University.

Lu, Yuan, 1991, *A longitudinal Study of Chinese Managerial Behaviour: An Inside View of Decision Making under the Economic Reform*, Unpublished PhD thesis, Birmngham: Aston University.

Lu, Yuan, & Heard, R. , 1995, "Socialized economic action: A comparison of strategic investment decision-making in China and Britain", *Organization Studies*, 16 (3): 395 - 424.

MacMurray, T. , & Woetzel, J. , 1994, "The challenge facing China's state-owned enterprises", *The McKinsey Quarterly*, 2: 61 - 74.

March, J. , G. , 1981, "Footnotes to organizational change", *Administrative Science Quarterly*, 26: 563 - 577.

Marsh, P. , Barwise, B. , Thomas, K. , & Wensley, R. , 1988, "Managing strategic investment decisions", In Andrew Pettigrew (Eds.), *Competitive and Management Process*, pp. 86 - 136, Oxford: Basil Blackwell.

Maxwell, N. , & McFarlane (Eds.) 1984, *China's Changed road to Development*, Oxford: Pergamon.

Meyer, J. , & Rowan, B. , 1977, "Institutionalized organizations: Formal structure as myth and ceremony", *American Journal of Sociology*, 83 (2): 340 - 363.

Mintzberg, H. , 1979, *The Structuring of Organizations*, Englewood Cliffs, NJ: Prentice-Hall.

Mintzberg, H. , Raisinghani, D. , & Theoret, A. , 1976, "The structure of 'unstructured' decision processes", *Adminis-*

trative Science Quarterly, 21: 246 – 275.

Montias, J. M. , 1988, "On hierarchies and economic reforms", *Journal of Institutional and Theoretical Economics*, 144: 832 – 838.

Mun Kin-Chok, 1985, "An integration of the socialist market and planning in China", In *Marketing Investment and Management in China and Hong Kong*, pp. 207 – 219. Hong Kong: Kwang Jing.

Myers, H. , 1982, "Hidden goals in Chinese industrialization: Lessons from early modernization attempts", *Columbia Journal of World Business*, 17 (4): 74 – 78.

Nee, V. , 1992, "Organizational dynamics of market transition", *Administrative Science Quarterly*, 37: 1 – 27.

Oksnberg, M. , 1974, "Methods of communication within the Chinese bureaucracy", *China Quarterly*, 57: 1 – 39.

Olve, Nils-Goran, 1986, "Teaching managers in China: Some impression and reflections", *Management Education and Development*, 17 (3): 236 – 242.

Pettigrew, A. , 1973, *Politics of Organizational Decision Making*, London: Tavistock.

Pettigrew, A. , 1985a, *An Awakening Giant: Continuity and Change in ICI*, Oxford: Basil Blackwell.

Pettigrew, A. , 1985b, "Examing change in the long-term context of culture and politics", In Johannes M. Pennings et al. , *Organizational Strategy and Change*, pp. 269 – 318, London: Jossey-Bass.

Pettigrew, A. (Eds.), 1988, *The Management of Strategic*

Change, Oxford: Basil Blackwell.

Pettigrew, A. , 1989, "Longitudial field research on change: Theory and practice", In R. M. Mansfield (Ed.), *Frontiers of Management*, pp. 21 - 49, London: Routledge.

Pye, L. W. , 1985, *Asian Power and Politics*, Cambridge, MA: Harvard University Press.

Redding, S. G. , & Ng, M. , 1982, "The role of 'face' in the organizational precepitions of Chinese managers", *Organization Studies*, 3 (3): 201 - 219.

Reekie, W. D. , Allen, D. E. , Crook, J. N. , 1991, *The Economics of Modern Business* (2nd Edn.), Oxford: Blackwell.

Riskin, C. , 1987, *China's Politics Economy*, Oxford: Oxford University Press.

Schurmann, F. , 1966, *Ideology and Organization in Communist China*, Berkely: University of California Press.

Shenkar, O. , & Ronan, S. , 1987, "Structure and importance of work goals among managers in the People's Republic of China", *Academy of Management Journal*, 30: 564 - 576.

Simon, H. , 1976, *Administrative Behaviour* (3rd Edn.), New York: The Free Press.

Smith, C. , & Thompson, P. (Eds.), 1992, *Labour in Transition: The Labour Process in Eastern Europe and China*, London: Routledge.

Solinger, D. J. , 1989, "Urban reform and relational contracting in post-Mao China: An interpretation of the transition from plan to market", *Studies in Comparative Communism*, 23: 171 - 185.

Spulber, N. , 1979, *Organizational alternatives in Soviet-type economies*, Cambridge: Cambridge University Press.

Thompson, P. , & Smith, C. , 1992, "Socialism and the labour process in theory and practice", In Chris Smith and Paul Thompson (Eds.), *Labour in Transition: the Labour Process in Eastern Europe and China*, pp. 3 - 33, London: Routledge.

Tisdell, C. 1993, *Economic Development in the Context of China*, London: St. Martin's Press.

Torrington, D. , & Hall, L. , 1987, *Personnel Management*, New York: Prentice Hall.

Walder, A. , 1986, *Communist neo-traditionalism: Work and authority in Chinese industry*, Berkeley: University of California Press.

Walder, A. , 1987, "Wage Reform and the Web of Factory interests", *China Quarterly*, 109: 22 - 41.

Walder, A. , 1989, "Factory and manager in an era of reform", *China Quarterly*, 118: 242 - 264.

Warner, M. , 1986, "The 'Long March' of Chinese management eduction, 1979 - 1984", *China Quarterly*, 106: 326 - 342.

Warner, M. , 1992, *How Chinese Managers Learn*, London: Macmillan.

Whipp, R. , Rosenfeld, R. , & Pettigrew, A. , 1988, "Understanding strategic change processes", In Andrew Pettigrew (Eds.), *The Management of Strategic Change*, pp. 14 - 55, Oxford: Basil Blackwell.

Wilczynski, J. , 1972, *Socialist Economic Development and Reforms*, London: Macmillan.

World Bank, 1985, *China: Long Term Development Issues*

and Opinions, Baltimor and London: The Johns Hopkins University Press.

World Bank, 1988, *China: Finance and Investment*, Washington: The World Bank Press.

译后记

对我来说，翻译吕源教授的《中国企业的管理决策》是一个非常难得的学习过程。2010年，在香港中文大学管理学系访问研究期间，我阅读此书，深感此书的理论价值和实践意义。为此，在一次闲聊中我建议将其翻译成中文出版，吕老师谨慎地反问："这是一本20年前的旧书，现在翻译还有价值吗？"这个问题成了我翻译此书过程中经常思考的问题。

简而言之，吕老师此书是一部十年磨一剑的力作：从他1984年在中欧国际工商学院MBA学习时的实习调查，到1987年在阿斯顿大学时系统扎实的博士研究，再到1993年在剑桥大学时的跟踪研究和修订，直到1996年出版。经此十余年，此书被打磨得非常扎实，内容精细，文字耐读。如果读者对此书中译本的阅读有何不满，都是我的责任，怪我自己学识和文字水平不够，没有准确传达吕老师原著的精妙所在。

就个人理解而言，吕老师此书对国内学界尤其是管理学界同行具有三个方面的价值。

尽管管理决策一直是中国管理学界研究的重点领域，但是目前能给人深切认识的作品依然不多，这些著作或论文不是远离现实的数学模型，就是浅层的量化统计，无法让读者获得对"中国企业究竟如何决策"的整体认识。就个人阅读来看，截至目前，吕老师此书依然是关于中国企业管理决策的最有深度和信息最为丰富的学术精品，它通过 1984～1986 年、1988～1989 年和 1993 年三个时期国有企业的纵向案例研究，总结了中国企业管理决策行为的基本特点，并且这些特点依然能在今天的国有企业中较多看到。换句话说，吕老师此书提供了一个中国国有企业管理决策的全息图景。

尽管中国国有企业的制度环境已经发生了巨大的变化，但是吕老师在 20 年前得出的研究结论现在依然具有很好的解释力度，比如制度环境与国企组织结构之间复杂的嵌入性关系（部分结论在我的博士论文研究中得到了验证，参见拙作《兄弟并不平等：国有企业部门地位的正当性研究》，社会科学文献出版社，2016 年 4 月出版）。如果有读者立志继续这一领域的研究，可以考虑沿着吕老师的方向，更加深入地追踪和探讨中国企业的管理决策过程。尤其是近 20 年，经过宏观环境大变革的中国国有企业具体如何进行管理决策，跟吕老师研究的 1980 年代企业决策有何异同。这是非常有价值的研究题目。

案例研究是国内管理学界正在尝试使用并取得良好成果的研究方法。但是，目前国内案例研究作品在一些方面存在明显的不足，比如研究方法的规范性（尤其是调查访谈的现场研究）、数据的选择和使用、数据呈现或展示、逻辑推理等。在这些方面，吕老师此书堪称案例研究的示范之作。吕老师的研究设计是从中国国有企业采购、定价、招聘、组织变革和投资 5 个方面对 6 家企业进行两个时期的比较研究，一共形成了 30 对决策案例，充分保证了数据和结论的信度。吕老师在 MBA 学习期间实习调研的基础上，对 6 家案例企业进行了长达数月的现场研究，每隔两周走访所有企业，并在每家企业待一天或半天，几乎访谈了案例企业所有的中高层管理人员；每次访谈回去，他都在一天内根据现场笔记完成访谈数据的整理。他的导师 John Child 教授担任中欧管理项目欧方主任，他们俩经常在一起研究调研的数据，并根据案例企业提供的线索及时调整访谈提纲和挖掘更有价值的信息。一年多下来，6 家企业的各个决策过程比较清晰地显现出来。在进行现场研究的同时，吕老师也收集宣传手册、内部报纸和刊物、供销凭单、成本核算数据、各类相关文件等案例企业文字材料以及中欧 MBA 学员在这 6 家企业的实习报告，从而保证了调查数据的有效性和可靠性。

同时，吕老师此书在数据分析上展现了去粗取精和去伪存真的选择过程。以书后所列中文文献为例，大部分作品具有明显的时代局限性，很多文献的价值并不高，甚至算不上学术文献，但是吕老师对它们进行了非常精到的筛选和使用，恰当地挖掘了有效信息，从而展现了化腐朽为神奇的妙手功夫。对这些文献，吕老师主要考察两类信息：第一，是否记录了一些关键性历史事件；第二，是否反映了企业内部决策过程中的管理思路，或者遇到的挑战。这两类信息往往隐藏在宣传文本或意识形态话语中。在收集和分析这些案例材料时，吕老师进行细致的批评性分析，抛开评价性语言，挖掘出文本和话语背后隐藏的事实信息。最后，此书在数据呈现上也非常出色，通过排序图、矩阵表等方式有力地展现了跨案例数据的分析结果，呈现了强有力的证据链，从而保证了研究结论的逻辑严谨性。

在我看来，吕老师这本书最重要的价值或许在于它独特的史料价值。对于所有在改革开放后长大的年轻人，不要说"80 后"和"90 后"，就是我们"70 后"这一代，对于中国企业在制度转型期间走过的艰难和曲折过程，也所知甚少。

此书虽然仅仅研究了 1984~1993 年北京地区的 6 家国有企业，但是反映了当时中国企业的整体状况，因为吕老师此书对中国国有企业管理体制进行了深入系统的回溯和梳理，做到了国家宏观社会环境和国有企业内部微观管理决策行为之间的有效连接，从而使得国有企业管理决策的案例研究具有了相当水平的历史厚度。因此，阅读此书，可以从企业角度认识一个不同的 80 年代，知道当前的中国企业管理从哪里而来，从而获得中国企业管理史的整体认识。通过阅读此书，可以认识中国经济体制所固有的刚性逻辑——泛政治化的社会控制。在中国，经济问题从来就不是单纯的经济问题，每一项经济政策或措施的出台都有着深刻复杂的社会和政治考虑，这也是中国传统计划经济体制所留下的同时也最为坚固的制度遗产——经济决策的政治化过程。尽管中国改革开放已经 40 年，这个制度遗产依然是当前中国所面临的主要问题之一。

阅读此书，也可以打消一些历史当事人对 80 年代的浪漫美化，让我们知道那个时期的中国经济有多么复杂和混乱，改革遭遇到哪些阻力和挑战，尤其是各级政府部门普遍性地成立自己的商业贸易公司，利用价格双轨制进行"两手官倒"，甚至故意侵占企业资源，比如办公楼。未来的历史学家若有眼光，定能发现此书对于还原 80 年代历史现场的独特史料价值。

一句话，本书堪称中国企业管理决策的经典，案例研究的示范，呈现了"企业视角下的 80 年代"。

彭长桂
2018 年 5 月

图书在版编目(CIP)数据

中国企业的管理决策/吕源著；彭长桂译. -- 北京：社会科学文献出版社，2019.6
ISBN 978 - 7 - 5201 - 3786 - 7

Ⅰ.①中… Ⅱ.①吕… ②彭… Ⅲ.①企业管理 - 管理决策 - 研究 - 中国　Ⅳ.①F272.15

中国版本图书馆 CIP 数据核字(2018)第 252178 号

中国企业的管理决策

著　　者 / 吕　源
译　　者 / 彭长桂

出 版 人 / 谢寿光
责任编辑 / 隋嘉滨

出　　版 / 社会科学文献出版社·群学出版分社 (010) 59366453
　　　　　地址：北京市北三环中路甲29号院华龙大厦　邮编：100029
　　　　　网址：www.ssap.com.cn
发　　行 / 市场营销中心 (010) 59367081　59367083
印　　装 / 三河市东方印刷有限公司

规　　格 / 开　本：787mm × 1092mm　1/16
　　　　　印　张：15　插　页：0.5　字　数：165 千字
版　　次 / 2019 年 6 月第 1 版　2019 年 6 月第 1 次印刷
书　　号 / ISBN 978 - 7 - 5201 - 3786 - 7
著作权合同
登 记 号 / 图字 01 - 2019 - 1973 号
定　　价 / 98.00 元

本书如有印装质量问题，请与读者服务中心 (010 - 59367028) 联系

▲ 版权所有 翻印必究